「空気」の構造

日本人はなぜ決められないのか

池田信夫

白水社

「空気」の構造——日本人はなぜ決められないのか

#「空気」の構造＊目次

はじめに――日本人は特殊か　9

序章　「空気」が原発を止めた　13
首相からの突然の「お願い」／玄海原発の失敗／「空気」が法律より重い国

第一章　日本人論の系譜　23
罪の文化と恥の文化／講座派と労農派／敗戦と悔恨共同体／文明の生態史観
唯物史観と「水利社会」／タテ社会とヨコ社会／人と人の間／安心社会と信頼社会
「水社会」の同調圧力／灌漑農業のボトムアップ構造

日本人の肖像――福沢諭吉　51

第二章　「空気」の支配　55
「日本教」の特殊性／自転する組織／日本軍を動かした「空気」／公害反対運動と臨在感
アニミズムから一神教へ／一揆と下克上／動機の純粋性

日本人の肖像――北一輝　77

第三章　日本人の「古層」　81
超国家主義の構造／無責任の体系／国体という空気／フィクションとしての制度
つぎつぎになりゆくいきほひ／永遠の今と「世間」／キヨキココロの倫理
「まつりごと」の構造／天皇制というデモクラシー／全員一致とアンチコモンズ
ボトムアップの意思決定／「古層」とポストモダン／近代化なき成長の終わり

日本人の肖像――南方熊楠　114

第四章　武士のエートス　117
日本のコモンロー／徳川の平和／自然から作為へ／尊王攘夷の起源／開国のインパクト
惑溺と自尊

日本人の肖像――岸信介　138

第五章　日本軍の「失敗の本質」　141
目的なき組織／曖昧な戦略／短期決戦と補給の軽視／縦割りで属人的な組織
心情が戦略に先立つ／心やさしき独裁者／両論併記と非決定／大日本帝国の密教と顕教
日本人の肖像——石原莞爾　159
第六章　日本的経営の神話　161
外国人の見た日本企業／日本的経営の黄金時代／勤勉革命の伝統／日本的労使関係の起源
日本企業は町工場の集合体／協力と長期的関係／共有知識としての「空気」／村から会社へ
日本的雇用がデフレを生んだ／年功序列の終焉／グローバル資本主義の試練
日本人の肖像——中内功　187

第七章　平和のテクノロジー　191
殺し合う人間／集団淘汰と平等主義／偏狭な利他主義／戦争が国家を生んだ
「無縁」とノマド／飛礫の暴力性／古層と最古層／なぜ「古層」は変わらないのか

日本人の肖像――昭和天皇　212

第八章　日本型デモクラシーの終わり　217
空虚な中心／多頭一身の怪物／霞が関のスパゲティ／「政治主導」の幻想
日本型経営者資本主義の挫折／約束を破るメカニズム／セーフティ・ネットが檻になるとき
閉じた社会から開かれた社会へ

注　235
人名索引　I

装幀・カット＝森裕昌
組版＝鈴木さゆみ

はじめに――日本人は特殊か

二〇〇九年の政権交代で生まれた民主党政権は、日本の政治が変われるかどうかの壮大な実験だった。「官僚の手から政治を奪い返す」とか「政治主導で無駄を省く」といったスローガンはよかったが、結果として起こったのは官僚を使いこなせない混乱した政治と、自民党政権以上に膨張した国家予算だった。

その原因として、民主党の経験不足はあるだろう。しかし東日本大震災を契機に露呈した拙劣な危機管理や「脱原発」をめぐって迷走した意思決定をみると、問題は民主党だけではなく、各官庁の自律性が強く、それをまとめる内閣の求心力が弱い日本の統治機構の欠陥にあると考えざるをえない。

「決められない政治」は、直接には衆参両院で多数派が異なる「ねじれ」によるものだが、ねじれる前の自民党政権でも正しい意思決定が行なわれていたわけではない。わずか五％の増税を決めるのに十五年もかかり、法律が通っても実行するかどうかわからない。社会保障の削減に至っては、与野党ともに議題にすらしない。

毎年のように首相が代わり、歳出が際限なく膨張する日本の政治と、グローバル資本主義の中で大胆な事業再構築のできない日本の企業には、共通の欠陥がある。それは中枢機能が弱く、利害の対立する問題を先送りすることである。このまま放置すると、経済の停滞が続いて財政が破綻するのは時間の問題だが、これを是正することは容易ではない。その根底には、これから説明するような日本社会の構造があるからだ。

役所や企業のタコツボ的な自律性が強く、人々がまわりの「空気」を読んで行動するため、責任の所在が曖昧で中枢機能が弱い。部下が上司の足を引っ張る「下克上」の風潮が強いため、長期的な戦略が立てられない。こういう特徴は多くの人に指摘されてきたが、なぜ日本社会にそういう特徴があるのかはよくわからない。

もちろん「日本人」という人がいるわけではなく、その特徴が日本人以外にまったくみられないわけではない。しかし統計的にみても、日本人の思考や行動には独特のパターンがある。これを「あなたはどう考えているか」と質問する国際的なアンケート調査でみると、日本人が特に上位にあるのは次のような答である。(1)

・祖先には霊的な力がある……三四ヶ国中一位
・宗教を信じていない……九三ヶ国中五位
・自然を支配するのではなく共存する……六〇ヶ国中一位
・リスクはすべて避ける……五一ヶ国中二位
・職場では人間関係がいちばん大事だ……八一ヶ国中一位
・仕事より余暇のほうが大事だ……七九ヶ国中一位

・余暇は一人で過ごす……三四ヶ国中一位
・自国に誇りをもっていない……九五ヶ国中四位
・国のために戦わない……九〇ヶ国中一位

ここから典型的な日本人を想像すると、宗教は信じていないが祖先信仰は強く、自然を支配するより調和が大事だと考え、リスクは徹底的に避ける。職場では人間関係が大事だが、仕事より余暇が優先で、わずらわしい人間関係から離れて一人で過ごしたい。日本に誇りをもっていないので、国のために命を捨てる気はない――という保守的で他人に気を使い、政府を信頼していない人物像が浮かび上がってくる。読者のみなさんにも、思い当たる節があるだろう。

本書は、こうした日本人の特徴的な行動様式を、今までに書かれた「日本人論」からさぐり、歴史的な記録をたどってその原因を考えようという試みである。とはいえ日本人論の本は膨大にあり、それをすべてサーベイするわけには行かない。本書では私の問題意識にそって日本人の意思決定の特徴を論じている本を取り上げ、それを私なりに整理して現代の問題を考えたい。ただ、これまでの日本人論は学問的な根拠のない印象論が多いので、本書では経済学や歴史学の成果を応用して、なるべく学問的に考えてみたい。

本書は、私の経営する株式会社アゴラ研究所で一年間にわたって行なった「日本人とは何か」という連続セミナーの記録をもとに、私のブログ記事などを合わせて新たに書き下ろしたものである。このセミナーで多くの刺激を与えていただいた受講生のみなさんに感謝したい。

文中では歴史的人物が多いので敬称は省略し、肩書きは当時のものである。取り上げた文献は、巻末に注としてまとめた。丸山眞男や山本七平については複数の著作集があるが、現在ではほとんど絶版なので、なるべく入手しやすい文献をあげた。引用文で強調点を振っているのは、断りのないかぎり原文の強調点である。

池田信夫

二〇一三年三月

序章
「空気」が原発を止めた

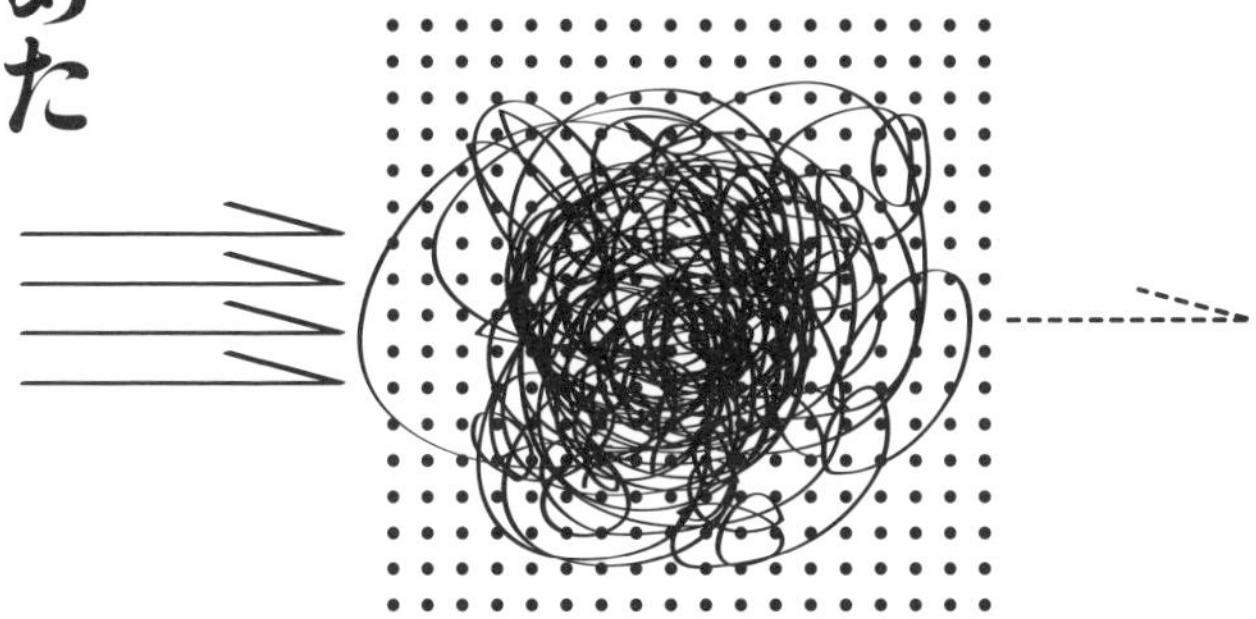

混乱していた民主党政権が暴走し始めたきっかけが、二〇一一年三月十一日に起こった東日本大震災だった。それまで支持率の低迷に悩んでいた菅直人首相は、十二日の朝には突然ヘリコプターで東京電力福島第一原子力発電所の事故現場に飛んで事故対応を遅らせ、その後も東電本店に乗り込んで社員をどなり上げた。

それは「災害から国民を救うヒーロー」として活躍することで首相の指導力を演出するための大芝居だったのだろうが、結果は裏目に出た。最高指揮官が現地に飛んで細かい危機管理に介入する常軌を逸した行動は、東電の社員のみならず首相官邸のスタッフにも反発を買い、内閣支持率は低下して政治の混迷はますます深まった。ここには日本の政治が抱える病理があらわれている。

首相からの突然の「お願い」

震災から二ヶ月がたった五月六日の夜、菅首相は突然、記者会見を開いた。会見場に姿を見せた彼は、いつになく緊張した面持ちで「国民の皆様に重要なお知らせがあります」と切り出した。

「本日、私は内閣総理大臣として、海江田経済産業大臣を通じて、浜岡原子力発電所のすべての原子炉の運転停止を中部電力に対して要請をいたしました」。彼は用意したメモを読んで、その理由を説明した。

文部科学省の地震調査研究推進本部の評価によれば、これから三十年以内にマグニチュード八程度の想定東海地震が発生する確率は八七％と、きわめて切迫しております。〔中略〕そのため、定期検査中の三号機のみならず、運転中のものも含めて、すべての原子炉を停止すべきと私は判断いたしました[1]。

定期検査中だった三号機は、四月には稼働する予定だったが、福島第一原発の事故を受けて運転再開を見送っていた。他の原発のうち、廃炉が決まった一・二号機は止まっていたが、四号機と五号機は運転中だった。それを含めて、すべての原発を止めるというのだ。その理由は、浜岡原発が東海地震の震源の上に立地しており、今後三十年以内に震度六以上の地震が起こる確率が八四％とされていたためだ。

しかし首相には、原発を止める法的な権限はない。記者会見で停止を求める法的根拠を質問されて、菅は「指示とか命令という形は現在の法律制度では決まっておりません。そういった意味で、要請をさせていただいたということであります」と答えた。

原子炉等規制法第三十三条二項には「主務大臣は、原子炉設置者が次の各号のいずれかに該当するときは、第二十三条第一項の許可を取り消し、又は一年以内の期間を定めて原子炉の運転の停止を命ずることができる」という規定があるので、原子炉に欠陥が発見された場合は運転停止を命じることができるが、問題は運転停止を命じるような事態が発生していないことだ。

福島第一原発事故が他の発電所の安全性に影響を与えるのは、まったく同じ型の原子炉で、事故を引き起こしたのと同じ欠陥がある場合に限られる。福島第一と同じタイプの「マークⅠ」と呼ばれる原子炉は、東北電力女川一号炉、日本原電敦賀一号炉、中国電力島根一号炉の三基である。このうち女川は今回の震災に耐えたので除外するとして、敦賀と島根だけを緊急に点検することは考えられる。

しかし浜岡については、東海地震に耐えられないと判断された一・二号機はすでに廃炉が決まっているので、残る三基を止める理由はない。東日本大震災で浜岡の想定する以上の地震が起きたのであれば、緊急避難的な措置もありうるが、福島第一での最大加速度は四四八ガルで、浜岡の設計震度八〇〇ガルをはるかに下回っている。

福島第一で問題を起こしたのは予備電源の浸水だが、浜岡には一二メートルの砂丘があり、予備電源と給水ポンプを原子炉建屋の二階屋上（海抜一五〜二〇メートル）に移設する工事が当時までに行なわれた。かりに予備電源がすべて地震で破壊されたとしても、浜岡の原子炉は予備の電源車が使える（構内にも電源車がある）。

事故後に政府が各電力会社に求めた「ストレステスト」はヨーロッパの原発で行なわれている机上シミュレーションで、原発を止めなくてもできる簡易試験だが、法的根拠はない。

玄海原発の失敗

菅の要請には法的拘束力はないので、中部電力がそれを受け入れるかどうかは、彼らの意思で決まる。中部電力が電話でこの要請を受けたのは記者会見の三十分前だったので、会見のときには取締役会の決定は出ていなかった。海江田万里経産相から要請を聞いた水野明久社長は、すぐに臨時取締役会を招集した。

五月九日に開かれた臨時取締役会では、この要請を受け入れると巨額の損失が出ることが問題になった。核燃料の代わりになるのはＬＮＧ（液化天然ガス）しかないが、中部電力にはＬＮＧの備蓄がないので、スポットで買い付けなければならない。その損失は三千億円ぐらいになると推定された。これが政府の命令による停止なら、国家賠償を求めることができるが、要請に自発的に応じたとなると、賠償を要求することはできない。

この場合、株主から「企業価値を毀損した」という株主代表訴訟を起こされるリスクがある。このため、経営陣は「防災工事が完了したら再稼働を認める」という確認書を海江田と交わした。法的には、首相のお願いに応えて中部電力が「自発的に」運転をやめたという形だ。経産省は「中部電力が原発停止を決めても、あくまで自主判断」と責任を回避している。

実は、この決定を発案したのは菅ではない。彼は以前から原発を止めたいと考えていたが、仙谷由人官房長官などは強く反対していた。それに対して、経産省の松永和夫事務次官などが海江田経産相に根回しして、六日に記者発表を行なうことを計画していた。その原案は「原子力安全・保安院が原発の地震津波対策を行なっており、各地の原発の安全性には信頼性がもてる」とした上で「地震の発生する確率の高い浜岡だけは別だ」という構成になっていた。

原子力を推進する立場の経産省がそれを止めようとするのは奇妙だが、これは浜岡だけを例外的に止めることによって、全国的に盛り上がっていた原発停止の要求を「ガス抜き」しようというねらいだったらしい。

ところがこれを聞いた菅が「自分が発表する」と言い出し、その発表文も書き換えてしまった。その結果、前のように「浜岡を止める」という発表が全面に出て、他は大丈夫だという本文がなくなってしまったのだ。この結果、全国の自治体から「当地の原発も止めてほしい」という要求が政府に殺到し、収拾がつかなくなった。

特に大きな失敗は、佐賀県の玄海原発だった。古川康知事は原発推進派だったので、経産省は浜岡を止めると同時に玄海を動かすことによって「浜岡は例外」という前例をつくる予定だった。海江田経産相は六月二十九日に玄海町の町長と会談し、「国が安全を保証してくれるなら運転再開を認める」という了解を得て、古川知事も再開を容認した。

ところが翌日、首相は「ストレステストが終わらないと再稼働は認めない」と言い始めた。住民の安心のためにストレステストをすること自体は悪くないが、彼はそれを（法的根拠もなく）再稼働の条件にしてしまったのだ。海江田はすっかりハシゴを外された形になり、国会で辞意をほのめかした。

「空気」が法律より重い国

玄海原発で再稼働に失敗した影響は大きかった。定期検査の終わった原発はその後も再稼働のタイミングを失い、今では再稼働した関西電力大飯原発三・四号機以外の五二基が止まったままだ。定期検査は普通は三ヶ月ぐらいで終わるが、今回は最終段階で止まっている。政府が「ストレステストをせよ」と電力会社に指示したからだ。

電力会社は三一のプラントでストレステストの第一次評価報告書を原子力安全・保安院に提出したが、保安院はそのうち大飯三・四号機と伊方しか原子力安全委員会に送付せず、安全委員会はそのうち大飯だけを合格として四大臣に送付した。

この結果、大飯だけが再稼働できたが、他の原発の報告書は店ざらしだ。ストレステストには法的拘束力はないが、これは役所が「他のプラントは動かすな」と暗黙のうちに指示した、と電力会社は受け止めている。

しかしストレステストには何の法的根拠もない。テストを命じる法律はおろか、省令も閣議決定も通達も出ていないのだ。電力会社に渡されたのは、「我が国原子力発電所の安全性の確認について」と書かれた昨年七月十一日付のＡ４で三ページのメモだけだ。

この文書には、三大臣の名前が書いてあるが、公印も押されておらず、文書番号もない。誰でもワープロで打てる怪文書のようなものだ。このメモでは、まず〈現状認識〉として「稼働中の発電所は現行法令下で適法に運転が行われており、定期検査中の発電所についても現行法令に則り安全性の確認が行われている」と書かれている（強調点は引用者）。

適法に運転が行なわれている発電所を止めることはありえないが、このメモは〈問題点〉として「安全性の確認について、国民・住民の方々に十分な理解が得られているとは言い難い状況にある」とし、その〈解決方法〉として「欧州諸国で導入されたストレステストを参考に、新たな手続き、ルールに基づく安全評価を実施する」という。

この文章には主語が明示されていないが、文脈からは政府が命じるのではなく、電力会社が自主的に実施すると読める。実施せよとも書いてないし、しなかった場合の罰則もなく、実施したら再稼働してよいとも書かれていない。要するに、政府は電力会社にストレステストを要請しただけで、誰も「再稼働するな」とは指示していないのだ。

それでも原発停止によって実質的に安全性が高まるならまだいいが、原発の中には核燃料が入ったままなので、全電源が失われると、福島第一原発の四号機のように冷却できなくなって爆発するおそれもある。そもそも福島ほどの大地震が起こるときは、全国で最大三十二万人が死亡するとも予想されている。原発事故だけの安全対策をやっても意味がない。五兆円以上のコストを津波対策にかけたほうがいい。

実際には、保安院は「止めろ」とも「動かすな」とも指示していない。法的根拠なしにそんなことを命令したら、電力会社の負う損害に国家賠償を求められるからだ。このような不透明な行政指導は霞が関のお家芸だが、法にもとづかないで企業に不利益を強要することが多いので、行政手続法では「不利益処分」については文書を交付し、当事者の聴聞を行なうなどの手続きが義務づけられた。今回の要請は、明らかに行政手続法違反である。

この問題の解決法は簡単である。定期検査は実質的に終わっているのだから、電力会社がスイッチを入れれば一〇〇％の出力を出す使用前検査を行なうことができ、それで問題がなければ外部に送電を開始して本格運転ができるのだ（保安院に使用前検査を申請する必要があるが、法的根拠なくその受理を拒否することはできない）。

では役所は動かすなと言っていないのに、電力会社はなぜ原発を止めているのだろうか。その理由を中部電力の幹部に聞いてみると、「当局の機嫌をそこねたら何をされるかわからない」という。しかし中部電力が原発の停止でこうむった損害は、二〇一二年三月期決算で三千七百億円。毎日十億円以上が失われているわけだ。

日本は法治国家であり、特に政府は法的根拠なく民間企業や個人に命令することはできない。それなのに二年近くにわたって、このように法にもとづかないで原発が止められ、電力会社は巨額の赤字を計上し、日本経済に莫大な損害を与えている。政府が法的根拠なく企業に損害を与えるのは、財産権の侵害である。

このように原発が恐いという「空気」が、憲法を超える強い拘束力をもつ日本とは、どういう国なのだろうか。なぜそれは、すべての日本人にこのように強い支配力をもつのだろうか。それを理解するためには、千年以上前にさかのぼり、日本人の国民性について考える必要がある。

第一章

日本人論の系譜

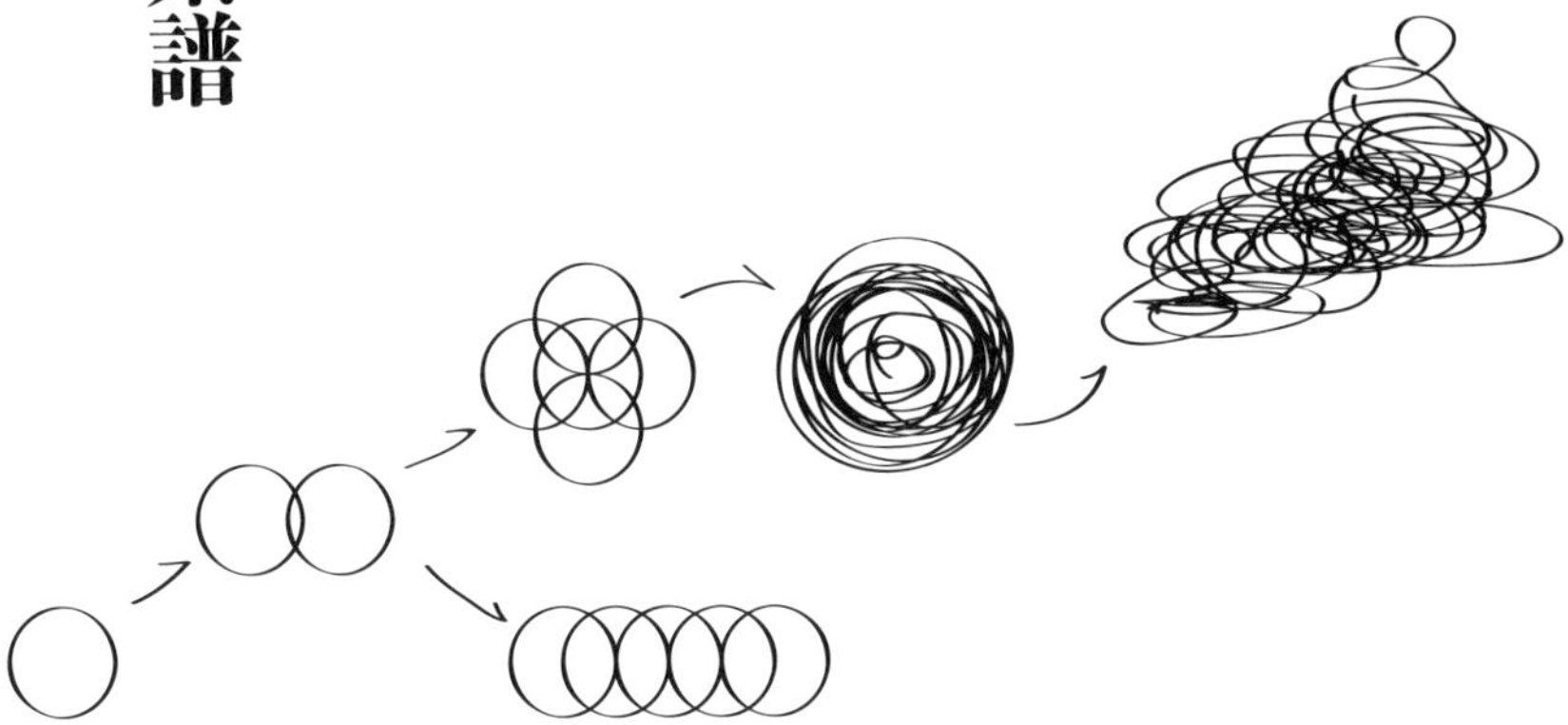

日本人は、日本人論が好きである。アマゾンで「日本人論」で検索しただけで、二九八五件も出てくる。アメリカ人がアメリカ政府を論じることは多いが、「アメリカ人論」というのは聞いたことがないし、そういう議論は成立しないだろう。アメリカに住んでいる人は人種的にも文化的にも多様で、典型的アメリカ人というのは想定できないからだ。

それに比べると、典型的な日本人を想像することはむずかしくない。民族も言語も均質で、その行動にみられるパターンが明確だからである。これも「単一民族の神話」だという人がいるかもしれないが、少なくとも先進国で日本ほど均質な国はなく、その行動が他の文化圏と違うことも否定できない。ここでは、まず日本人が自分の特殊性をどう認識してきたかをざっとおさらいしてみよう。

罪の文化と恥の文化

われわれが「日本人」というくくりで自己を意識し始めたのは明治時代であり、それまでは「日本」という国家はほとんど意識されなかった。「クニ」といえば各藩のことだったが、文明開化とともに、日本人が自分を国民と意識するようになり、多くの自画像が描かれてきた。代表的なものは、内村鑑三の『代表的日本人』(一八九四)、新渡戸稲造の『武士道』(一八九九)、岡倉天心の『茶の本』(一九〇六)、和辻哲郎の『風土』(一九三五)といったところだろう。

こうした初期の日本人論の多くは、日本人を劣ったアジア人と見る西洋人に対して日本の文化的価値を紹介するために書かれているので、日本人の国民性をあまりにも図式的にとらえており、今となっては歴史的な価値しかない。いまだに武士道が日本人の魂だとか、天皇制が日本文化のコアだとか思い込んでいる人がいるが、それは明治国家のイデオロギーにすぎない。

このような観念的な日本人論に対して、具体的な生活からその特徴を明らかにしたのが、ルース・ベネディクトの『菊と刀』（一九四六）だった。これは米軍の日本占領のための資料として戦時中に書かれ、著者は一度も日本を訪れたことがなかったが、その文化人類学的な実証的スタイルはその後の日本人論に大きな影響を与えた。

ベネディクトが日本人の特徴としてあげたのは「恥の文化」である。西洋では法律などで決まった「義務」を履行することが求められるのに対して、日本人は世間で決まったしきたりに従うことを「義理」と呼ぶ。これは「正しき筋道。人のふみ行なうべき道。世間への申し訳に、不本意ながらすること」であり、「不本意」という言葉が「義務」との相違点を示している。

このように内面的な価値ではなく、世間に対する義理や人情や恩によって人々の行動が決まるのは、日本人の価値観が絶対的な倫理ではなく、相対的な人間関係に依存しているからだ。彼らをもっとも傷つけるのは、世間のしきたりを知らないことを嘲笑されて恥をかくことだ――とベネディクトはいい、忠臣蔵のストーリーを紹介して浅野内匠頭が恥をかかされて怒ったことが復讐劇の原因になったことを説明する。

こうした日本人の特徴を、彼女は「罪の文化と恥の文化」という文化人類学の概念で説明する。この分類はここで初めて使われたものではなく、それまで文化人類学で使われていた汎用的な概念だが、日本人の行動様式は典型的な恥の文化である。ベネディクトはこう述べる。

真の罪の文化が内面的な罪の自覚にもとづいて善行を行なうのに対して、真の恥の文化は外面的強制力にもとづいて善行を行なう。恥は他人の批評に対する反応である。人は人前で嘲笑され、拒否されるか、あるいは嘲笑されたと思いこむことによって恥を感じる。〔中略〕しかし、恥を感じるためには、実際にその場に他人がいあわせるか、あるいは少なくとも、いあわせると思いこむことが必要である。(1)

これはアメリカに典型的にみられる「罪の文化」とは対照的である。そこでは罪は神との契約に違反することなので、誰も知らなくても罪の意識に悩む。その罪悪感を軽減するためには、教会や精神科医に告白しなければならない。こうした罪の意識が、欧米の社会では精神病の大きな原因になっている。

それに対して日本では、「恥を知る」ということが「有徳な人」という意味になり、「恥知らず」は最悪の罵倒の言葉になる。ここで恥の基準になるのは、キリスト教のような絶対的な価値観ではなく、他人への気配りや恩返しなどの人間関係である。

この違いは、ベネディクトの調査対象となった在米の日本人に顕著にみられた。彼らは平均的なアメリカ人よりはるかに礼儀正しくマナーを重んじるが、他人が同じように礼儀正しく接することを期待する。このため他人に何かを求めないで、暗黙の呼吸でその意図を察してくれると考えるが、アメリカ人はいわないとわからないので、引っ込み思案だとみられる。

『菊と刀』の個々の記述には日本人が読むとおかしな点があるが、それまでの「進んだ西洋と遅れた日本」という図式の中で日本人を卑下したり、逆に「東洋の伝統」を声高に主張したりする日本人論に比べれば、格段に客観性の高い（反証可能な）研究であり、これが戦後の日本で累計百万部以上も読まれたことは、日本人の自己意識に大きな影響を与えたものと思われる。

講座派と労農派

他方、終戦直後の日本の知識人にはマルクス主義の影響が圧倒的に大きかった。戦前、日本共産党の政党としての勢力は微々たるものだったが、幹部が軍国主義に反対して投獄されたことから、その知的な権威は高く、戦争の原因は資本主義にあるので、それを根絶するには共産主義革命しかない、という左翼の方針は知識人に支持を受けた。戦後の共産党は、火焔瓶闘争や山村工作隊などの冒険主義的な戦術をとり、分裂を繰り返して政治的影響力を失ったが、日本を「遅れた封建社会」と考える発想は根強く残った。

その源流となったのが、日本資本主義論争である。この発端は一九三二年にコミンテルン（共産主義インターナショナル）の出した「三二年テーゼ」で、その正式名称は「日本に於ける情勢と日本共産党の任務についてのテーゼ」という日本共産党への指令である。

ここでは、それまで日本における革命の性格をプロレタリア革命と規定していたコミンテルンの方針が一転して「日本における当面の革命の性質は、社会主義革命への強行的転化の傾向をもつブルジョワ民主主義革命と規定される」とし、明治維新によって成立した国家は天皇を頂点とする絶対君主制であり、その本質は封建制度であるとした(2)。

したがって日本で行なわれる革命は、まずブルジョワ革命を行なってから社会主義に移行する「二段階革命」だというのがコミンテルンの指令だった。明治維新によって成立した「天皇制国家機構」の絶対主義的性格は、資本主義が発達して独占段階に達した段階でも変わることなく、レーニンのいう「軍事的・封建的帝国主義」として侵略性をもっているので、その粉砕と天皇制の廃止が革命の第一任務となる。

もう一つの革命の要因は、農村における「アジア的に遅れた半封建的支配」である。この「農奴的制度」を撤廃する農業革命も当面の革命の最大の任務であり、農村に残る「封建制の残滓」の上に成長した強奪的な独占資本主義を倒すことが主要な目標である。

したがって日本におけるプロレタリアート独裁への道は「ブルジョワ革命を超えてのみ達成される」と規定し、「帝国主義戦争反対とその内乱への転化」を掲げた。一九三二年の段階でこのような武装闘争を行なう力は当時の日本共産党にはなく、幹部は反対したが、結果的にはコミンテルンの権威に押されて承認した。

日本資本主義論争のもとになった『日本資本主義発達史講座』(全七巻)の刊行は一九三二年五月から始まったので、その内容が三二年テーゼ(同年七月)の影響を受けていたわけではないが、その編者である野呂栄太郎や山田盛太郎は共産党のシンパだったので、この講座に集まった人々は「講座派」

と呼ばれた。

もう一方の人々は雑誌『労農』を拠点としたため、労農派と呼ばれた。主なメンバーは大内兵衛や向坂逸郎などの非共産党系のマルクス経済学者で、彼らは『発達史』や山田の『日本資本主義分析』(一九三四)を批判し、日本はすでにブルジョワ社会であり、来るべき革命は社会主義革命だと主張した。

この二つの系譜は戦後も受け継がれ、講座派は共産党系で京都大学を中心とし、労農派は社会党(社会主義協会)で東京大学が中心だった。経済学プロパーとしては労農派の発展した宇野経済学が主流になったが、経済史の大塚久雄や政治学の丸山眞男、あるいは法社会学の川島武宜などは講座派的な発想を受け継いだ。

これは明治以来の日本人に共通の西洋に対する劣等感を「遅れた封建社会」という概念でくくり、個人が自立して西洋の近代社会に近づかなければならないという福沢諭吉のような発想をマルクス主義に託して理論化したものとも考えることができる。

大学に勤務していたアカデミズムの主流の知識人は、政治運動としてのマルクス主義には参加しなかったが、その影響を強く受け、講座派の理論が「近代化論」とか「近代主義」と呼ばれる日本独特の思想の原型になった。

このような後進国意識は日本の知識人に深く浸透し、西洋をモデルにした左翼からアメリカをモデルにしたリベラルに至るまで、その基準となる欧米の社会に疑問をほとんど抱いてこなかった。それに対して「欧米とは違う日本固有の文化があるんだ」という右翼は一貫して少数派だったが、どっちも西洋を基準とする点は変わらない。

敗戦と悔恨共同体

敗戦は、日本の知識人にとって大きな試練だった。それは天皇制と闘ってきた人々には革命ともいうべきチャンスだったが、国策に従って戦地に赴いた多くの人々にとっては、「聖戦」の価値が否定される屈辱の経験だった。

敗戦で日本人の直面した問題は、民主化と近代化だった。特にGHQ（連合国軍総司令部）が徹底的な政治の民主化と文化のアメリカ化を進めたため、欧米をモデルとして日本社会との差分を「封建的残滓」として批判する講座派的な発想はわかりやすく、多くの「進歩的知識人」に愛用された。たとえば川島武宜は日本が封建社会の影響が残っている「家族社会」だとして、このように書いた。

> 日本の社会は、家族および家族的結合から成りたっており、そこで支配する家族的原理は民主主義の原理とは対立的のものである。〔中略〕まさにこの家族的生活原理こそ、われわれの社会生活の民主化を今なお強力にはばんでいるものであり、これの「否定」なくしては、われわれは民主化をなしとげ得ない。(3)

川島は「権威による支配」や「個人的責任感の欠如」などの日本社会の特徴を「非近代的な家族原理」によるものとし、これが法の支配や権利意識が浸透しない原因だとした。日本の近代化は、このような封建的な家族道徳の否定によってしか実現しないと論じた。川島自身はマルクス主義者ではないが、ここに講座派の影響が強く見られることは明らかだろう。

彼の専門は法社会学だが、ここでも明示的な契約と法的な紛争で問題を解決する西洋人に対して、暗黙の規範で紛争を抑止する日本が対比されている。たとえば日本で民事訴訟が少ない理由は、川島によれば裁判費用が高いことではなく、「伝統的な日本の法意識においては、権利・義務は、あるような・ないようなものとして意識されており、それが明確化され確定的なものとされることは好まれない」[4]。裁判は、この友好的な「協同体」を破壊するのである。

もともと自由主義は社会主義とは対立する考え方だが、終戦直後の日本では、封建社会→近代市民社会→社会主義というマルクス主義の図式の前半が自由主義と一致するため、知識人を結集する最大公約数になった。これが新憲法の平和主義や民主主義と一体になり、「近代主義」という日本独特の思想として広められたのである。

近代主義の教祖は、川島と丸山と大塚久雄だった。丸山については後述するが、大塚も講座派の影響を受けて日本の経済史学の基礎を築いた。彼は資本主義を単なる利潤追求とは考えず、自立した個人の「エートス」（労働倫理）に支えられるものと考えた。これはマックス・ウェーバーの宗教社会学の影響を受けたもので、近代的個人の精神的な側面を強調するところに特徴があった。

戦争に危惧を抱きながら抵抗しなかった多くの知識人にとっては、敗戦は「あれでよかったのか」という悔恨の体験だった。彼らに共有された意識を、丸山は「悔恨共同体」と名づけた[5]。彼によれば近代日本の知識人は三度、専門の違いを超えた「共同体」で結ばれたことがある。明治初期から自由民権運動の時期と、大戦間の共産主義運動の勃興期、そして終戦直後の悔恨共同体である。

第一の共同体は西洋の自由主義に支えられ、第二の共同体はマルクス主義に支えられた。そして第三の共同体は「戦争を阻止できなかった」という悔恨に支えられたのだ。その限界を「ブルジョワ的制約」に求める全共闘的な批判に、彼はこう反論する。

> 近代日本において、ブルジョワジーはかつて一度も普遍主義やヒューマニズムにコミットしたことはありませんでした。［中略］もし日本の知性における「普遍主義」に疑問を投げかけるとすれば、それは「普遍主義」が、中国とか西欧列強とかいう、日本の「外」にある特定の国家や、文化の特定の歴史的段階――十九世紀の西欧文明といった――に癒着し、それ自体が一個の特殊主義《パテイキユラリズム》に堕した、あるいは堕する傾向がある、という点にあると思います(6)。

マルクス主義の場合でさえ、その理想は観念的なユートピアではなく「親ソ派」か「親中派」かといった特定の国家であり、どちらも否定するトロツキズムが輸入されたのはヨーロッパより二十年近く遅かった。私の言葉でいえば、昔から日本人は「他民族中心主義」なのだ(7)。普遍主義を「よそ」に求めるかぎり、それに対する反発は「うち」なる国粋主義になるほかない。この不毛な対立が、戦後の「論壇」をにぎわせた。

文明の生態史観

このようにマルクス主義の影響が圧倒的だった時代に、それとはまったく違う文明観を提示したのが、梅棹忠夫の『文明の生態史観』（一九五七）だった。これは「史観」というより荒っぽい比較文明論だが、これが従来の発展段階説に対する大きな刺激になったことは確かだろう。梅棹の理論は非常にシンプルなもので、ある種の地理的決定論である。

図1のように、アジアの中心部には広大な乾燥地帯があり、それを支配するのは遊牧民族で、古代文明の多くはこの地帯とその周辺の「第二地域」に成立した。その原因は、乾燥地帯からあらわれる遊牧民族である。彼らは移動しながら激しい暴力でまわりの民族を破壊するので、文明はしばしば彼らによって滅ぼされてしまう。

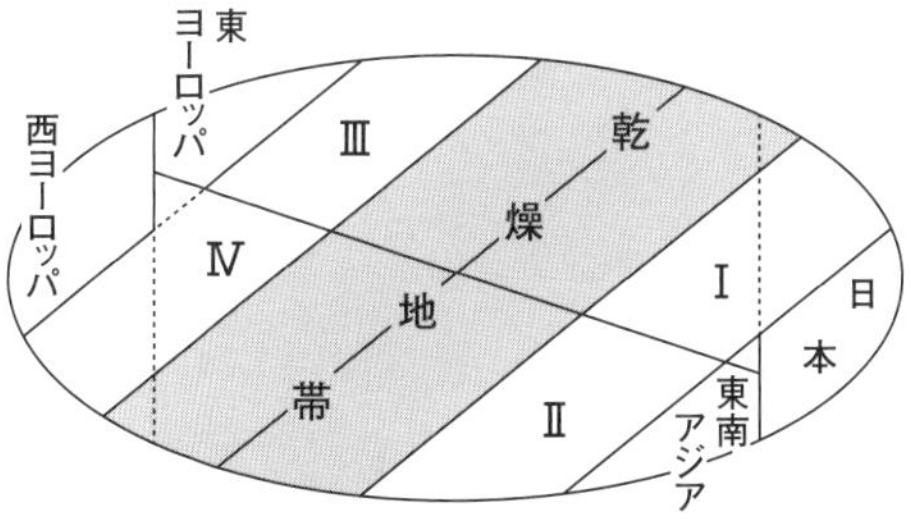

図1　文明の生態史観

定住する農耕民族が彼らの暴力に対抗するためには、大規模な軍隊を常駐させ、それを指揮する皇帝が必要になる。ナイル、メソポタミア、インダス、黄河、地中海などの古代文明は、こうした軍事的な必要から生まれ、それによって農耕の安全を守ることで繁栄した。こうした文明は、図のように、中国（Ⅰ）、インド（Ⅱ）、ロシア（Ⅲ）、イスラム（Ⅳ）など、いずれも乾燥地帯のまわりに成立した。

これに対して、東西のモンスーン地帯に位置する日本や西欧などの「第一地域」に住む民族は、こうした専制国家の直接支配をまぬがれ、生態系の自生的な遷移（サクセッション）によって農業文明から工業文明に進化し、地方領主の割拠する「封建制」から近代的な資本主義社会になった。梅棹はこう書く。

第二地域の歴史は、だいたいにおいて、破壊と征服の歴史である。王朝は、暴力を有効に排除しえたときだけ、うまくさかえる。その場合も、いつおそいかかってくるかもしれないあたらしい暴力に対して、いつも身がまえていなければならない。それは、おびただしい生産力の浪費ではなかったか。〔中略〕

第一地域というのは、ちゃんとサクセッションが順序よく進行した地域である。そういうところでは、歴史は、主として、共同体の内部からの力による展開として理解することができる。いわゆるオートジェニック（自成的）なサクセッションである。それに対して、第二地域では、歴史はむしろ共同体の外部からの力によってうごかされることがおおい。サクセッションといえば、それはアロジェニック（他成的）なサクセッションである。(8)

第一地域がそれほど平和だったかどうかは、のちほど見るように疑問だが、第二地域の歴史が「破壊と征服の歴史」だったことは疑問の余地がない。東西の「封建制」を一括りにできるかどうかも留保が必要だが、日本が自力で資本主義になったことは確かである。特に日本とイギリスは、立憲君主制などの制度面でも似ており、その類似性を地政学的な要因で説明したのは、最近の研究とも符合する先駆的な発想である。

ここで重要なのは、日本が西欧と似ているということより、むしろその中間の中国から中近東にかけての地域が従来の西洋的な歴史観とはまったく別の発展をしているということで、「近代化」という概念も当てはまらない。これは今ではそう違和感はないと思うが、一九五〇年代としてはかなり大胆な問題提起で、いわゆるアジア的生産様式の問題とからめて話題になった。
梅棹が唯物史観に対抗するような名称として「生態史観」と名づけたのは、歴史がどこの文明圏でも単線的に「進歩」し、奴隷制→封建制→資本主義という発展段階を経由するというマルクス主義的な発想に一石を投じるためだった。この史観の最大の特徴は、唯物史観のように歴史が単線的に「進歩」すると考えるのではなく、生態系の空間的な配置によって多元的な発展を遂げることだ、と梅棹は強調する。

ふるい進化史観は、進化を一本道とかんがえ、なんでもかでも、いずれは、おなじところへゆきつくとかんがえた。現状のちがいは、そこへゆきつくまでの発展段階のちがいとみたわけだ。じっさいの生物の進化は、けっしてそんなものではないのだが、人間に適用された進化史観は、まさにそういうものだった。生態学的な見かたをとれば、当然道はいくつもある。(9)

ただ「生態史観」という名称はミスリーディングで、第一地域と第二地域をわけるのは生態系ではなく国家の構造である。その違いの原因として気候の違いはあるが、決定的な原因とはいえない。たとえば日本とほぼ同じモンスーン地帯である東南アジアの社会構造は日本とはかなり違い、イギリスと日本も違う。その違いの最大の原因は国家権力の支配構造である。

唯物史観と「水利社会」

梅棹の論文は世界の歴史を数十ページで総括する荒っぽいもので、彼もこの発想をその後ほとんど発展させなかったので、生態史観はスケッチに終わってしまった。主流の歴史学ではマルクス主義的な唯物史観が支配的だったので、それとあまりにもかけ離れた梅棹の発想は、ほとんど相手にされなかった。

唯物史観の側からの批判として、梅棹が「いたく心をうたれた」と書いているのが、廣松渉の『生態史観と唯物史観』(一九八六)である。彼は生態史観を複線的な歴史を理解する新しい枠組として唯物史観を補完するものと考え、マルクスの「アジア的生産様式」の問題との関係で検討している。

これはマルクスが『経済学批判』序言の有名な発展段階の記述の中で「経済的社会構成が進歩してゆく段階として、アジア的、古代的、封建的、および近代ブルジョワ的生活様式をあげることができる」と書いている中の「アジア的」というのが古代に先行するのか、それとも別の社会のことなのかという問題である。

この論争の中で有名になったのが、ウィットフォーゲルの「水利社会」の概念で、これが梅棹理論に近い、というのが廣松の見立てだ。ここではユーラシア大陸が水利社会と非水利社会にわけられ、乾燥地帯で大規模な灌漑設備の必要な前者では水資源を管理するために専制国家ができ、その必要がない湿潤地帯では地域の自律的な発展が可能だったとされている。

ウィットフォーゲルはフランクフルト学派に属していたため、これはマルクス主義の中では異端とされたが、今となっては「社会主義革命」が水利社会=第二地域だけで起こったことをうまく説明している。実はマルクスも、晩年にはヴェラ・ザスーリチへの手紙でこう書いている。

資本主義的生産の創生を分析するにあたって、私は次のように言いました。「資本主義制度の根本には、それゆえ、生産者と生産手段との根底的な分離が存在する。……この発展全体の基礎は、耕作者の収奪である。これが根底的に遂行されたのは、まだイギリスにおいてだけである。……だが、西ヨーロッパの他のすべての国も、これと同一の運動を経過する。」（『資本論』フランス語版、三一五ページ）。だから、この運動の「歴史的宿命性」は、西ヨーロッパ諸国に明示的に限定されているのです。(10)

このように晩年のマルクスは梅棹のような「複線的歴史観」を構想していたのだが、それは本格的に展開されることはなかった。ウィットフォーゲルは、この点を水利社会という特徴に注目して補完したもので、現代でも有効である。彼と梅棹の違いは、前者が灌漑という経済的なインフラに着目しているのに対して、後者は戦争という暴力に注目していることだ。これは重要な違いで、前者は広義の唯物史観に入れることも可能だが、後者は最近の「暴力史観」ともいうべきものの先駆と考えることもできる。

中国では乾燥地帯から侵略してくる遊牧民族との戦いが重要なので、大規模な帝国を建設し、これは規模の経済が大きいため、数百年は平和が続く。富も皇帝に集中するため、高度な文明が発達する。これに対して第一地域の平和な国では、国家は村落共同体の中から自生的に生まれ、市場経済が発達する。これは日本社会を考える上でも重要である。その村落の構造は、その灌漑の構造と深い関係がある。この点については、次章であらためて考える。

タテ社会とヨコ社会

一九六〇年代になると、日本は単に欧米に遅れた社会ではなく、独自の文化をもっているのだという肯定的な自己意識が出てくる。その代表が、中根千枝『タテ社会の人間関係』である。その原型は一九六四年の『中央公論』に掲載された「日本的社会構造の発見」だが、単行本にするとき、版元が「タテ社会」というタイトルにしたことが誤解の原因になった。

タイトルだけでこの本を知っている人は、日本がタテの秩序を重視する階級社会だという話と思いがちだが、中根の主張は逆に、日本人は組織の中では平等主義で階級がないということで、この対立概念はインドや東南アジアのように人が地域の共同体を離れて移動する「ヨコ社会」である。

つまりここでいうタテは、イエやムラなどの小集団を超えたヨコのつながりが乏しいという意味で、「タテ割り社会」といったほうがいい。あるいは丸山のいう「タコツボ型」のほうがイメージがわかりやすいだろう。中根はその原因にはふれていないが、これは梅棹の言葉でいえば、生態系としての村落が自然に成長し、あまり対外的な交流がなかった歴史を反映していると考えられる。

中根の専門は東南アジアの親族構造で、日本社会をそれとの比較で論じている。ただ彼女の専門である社会人類学の理論を応用したというよりは、日本の特殊な社会を分析するために独特の概念装置をつくっている。それを中根は「鯨尺」と表現している。

和服の寸法をメートル法で表現すると、「二八センチ三ミリ半」というように端数が出るが、この端数を切り捨てると体に合わない着物ができてしまう。これに対して鯨尺では、後身幅が七寸五分、前身幅は六寸というように、端数が出ないで日本人の体にぴったり合う着物ができる。

同じように西洋の理論で日本社会を説明しようとすると、どうしても説明しきれない「端数」が残る。この端数の部分を従来は「封建遺制」だとか日本社会の後進性だとかいって切り捨ててきたが、これでは日本社会を内面的に理解できない。それを理解するには、それにふさわしい物差しが必要だ。

中根はその物差しとして、「資格」と「場」という対概念を設定する。インドや東南アジアは人々が職業的な資格でつながるヨコ社会だが、日本は特定の職場という場に依存するタテ社会だというのだ。この概念は「私の創作だ」と書いているが、彼女も認めるようにテンニースのゲゼルシャフトとゲマインシャフトに似ている。ただ東南アジアの社会もゲマインシャフト（共同体）なので、共同体の編成原理が違うと考えられる。

ヨコ社会では、共同体を超えて人の行き来があり、どこにいても同じ属性をもつ。この典型はカースト制で、どこの村に行ってもカーストはついて回る。これに対して日本では、人の価値は村の中の序列で決まり、会社などの組織の外でも肩書きがついて回る。これは個人主義と集団主義の違いでもなく、アジアの社会も集団主義なのだが、所属する集団が地理的に固定されていないのだ。

これは未開社会によくある親族構造でもなく、西洋型の組織の階層構造でもない地縁集団である。アジアと日本は、似ているようでまったく違う。むしろ中国もインドもインドネシアも、個人の資格を単位にして動き、複数の場に所属する点では似ており、日本のように一つの場に一生しがみつく「単一社会」は他に類例がない。

たとえば中国人は海外でも宗族の結束が強いが、これは一種の擬似血縁関係で、香港やシンガポールと中国本土で同じ宗族に所属していることがある。これに対して、日本の場は本源的には地縁に起因するローカルな関係で、会社をやめると関係は切れてしまう。中根はこう述べる。

日本人の単一主義は、日本人の潔癖性などというものをとりあげて、相関関係を論ずるなどという単純な見方よりも、場による集団構成ということから考察するほうが、はるかに興味深く思われる。［中略］

なぜならば、場によって個人が所属するとなると、現実的に個人は一つの集団にしか所属できないことになる。その場を離れれば、同時に、その集団外に出てしまうわけであり、個人は同時に二つ以上の場に自己をおくことは不可能である。(11)

中根の議論は、こうした抽象的な分析用具と終身雇用や企業別組合のような「日本的組織」の特徴が混同され、それが日本社会の特殊性の例証になっているが、なぜそういう特殊性が生まれたのかという説明がない。歴史が視野に入っておらず、理論的説明もグラフのような簡単なものしかない。

その他にも強いリーダーがいないとか、派閥ができやすいとか、契約の精神が欠如している、といった日本人の特徴は、ほとんど理論的には分析されておらず、「構造」という言葉がやたらに出てくるが、どういう構造かよくわからない。なぜそういう特異な発展を遂げたのかという説明は中根のその後の著書にもなく、機能主義の限界だろう。

人と人の間

土居健郎の『「甘え」の構造』(一九七一)は日本人論の古典として有名だが、著者が「甘え」という言葉を発想したのは、大学紛争のときだったという。学生は「父親」たる大学に反抗するが、それを全面的に否定するわけではない。父親の保証する豊かさは享受しながら「大学は独占資本に奉仕している」といった漠然たる不満を街頭の行動で発散させる。

土居はこうした「甘え」を母子関係やエディプス・コンプレックスといった精神分析の図式で解こうとするので話が古くさいが、広い意味で家族的な問題があるのは事実かもしれない。子供は自分の生活を自分で支える必要はなく、腹が減ったら反抗している親に甘えればいいので、反抗する側とされる側に本物の緊張関係がなく、潜在意識では親に依存しているのだ。これは日本の戦後左翼に共通の心情だろう。

これに刺激されてか、心理学者や精神科医の日本人論がたくさん出た。そのほとんどはいま取り上げるに値しないものだが、木村敏『人と人の間』(一九七二)は土居より一歩深めて日本人の精神構造を論じている。

木村は山本七平の『日本人とユダヤ人』の考察を鬱病患者に当てはめ、一般にメランコリーの患者は几帳面で責任感の強い人が多いが、西洋人の場合はそれが道徳的な罪悪感という形をとるのに対して、日本人の場合は「**さんに申し訳ない」というように具体的な人間に対する借りのような形をとり、その原因は義務に違反したことより「人情」によるものが多いという。

西洋における義務や道徳の拘束力の主体となっている「神」という絶対者から神性を奪って、これを人の頭上高くにかかげるのではなく、人と人の間という水平面にまで下してみるならば、西洋の義務と道徳の概念は、そっくりそのまま、日本の義理と人情の概念でもって置きかえることができる。義理と人情というのは、このように人と人との間ということを最高律法者とするような、義務と道徳なのである。(12)

日本におけるメランコリー親和型の人は、人前で体面を傷つけられるような状況に陥ることを極度に恐れる人で、必ずしも「人情に篤い」人ではないという。彼にとって重要なのは世間の「空気」であって、愛情や親しみではないのだ。日本語でいう義理と人情の違いも、こう考えるとはっきりしてくる。外面的な体裁を考えて従わざるをえないのが義理で、心からそう思うのが人情だから「義理と人情の板ばさみ」も起こるのだ。

同じような傾向は神経症にもみられ、日本人には赤面恐怖症、醜貌恐怖症、視線恐怖症、自己臭恐怖症といった「対人恐怖症」が目立って多い。日本人は「罪の意識を一種の恥の意識として、「人と人の間」という水平的な場所で見てとるという傾向をもっている」。それは神との「垂直的な結びつき」を基本とする西洋人の精神病や神経症とはかなり異なった症状をもたらすのである。

このように日本人の倫理が外面的で、絶対的な罪の概念がないという点はベネディクト以来、論じられているが、その原因を木村は和辻哲郎の『風土』に求める。和辻によれば、西洋の牧草地帯では夏の乾燥で雑草は育たず、冬の湿潤で牧草が生える。自然は規則正しく、人間が開墾して征服する対象である。このため西洋人は人間と自然を区別し、合理的に整序しようとする。

それに対してモンスーン地帯の日本では、自然は恵みとしてとらえられる一方、不合理な台風や水害などをもたらす。そこには自然とつねに一体で暮らす人々の生活があり、人々は自然を自分たちと別の対象とは考えていない。このため人間と自然が一体となって論理と感情を区別せず、日本人の思考は非合理的である。

この和辻の類型化は、今となってはあまりにも大ざっぱな地理的決定論であり、特に西洋の風土を一律に「牧草地」としていることは大きな問題だが、木村はこの発想にも一片の真理はあるとする。西洋人が自然を外的な対象ととらえるのに対して、日本人が自然と人間を区別しないことは特徴的である。

それはやまとことばに「自然」に対応する言葉がないことでもわかる。また日本語に人称代名詞がなく、「あなた」とか「彼」という言葉が日常語ではあまり使われない。特に二人称が不安定で、相手の名前をそのまま呼ぶといった世界にも類のない現象がみられる。これは人間を対象と考えないで、つねに相手との関係でものを考えているためだ。

したがって日本人の思考の基礎にあるのは個人主義ではなく、かといって集団の目的にメンバーが従属するという意味の集団主義でもない。人々の行動を制約するのは、それ自体は実体のない「あいだ」である。(13) 彼らを一段高いところで統合する神や国家のような存在は意識されず、むしろそれも人間関係の一部として利用される。

このような丸山の言葉でいえば特殊主義的なコミュニティが、神経症や精神病にも反映している、と木村は考える。これは日本人に特徴的な病理だが、西洋人にもこういう症状がないわけではない。むしろ西洋人に強い「……すべきでなかった」といった形であらわれる罪の意識は、自分を見ている他人の存在を神として抽象化したもので、日本人のように具体的な対人関係を意識するタイプのほうが原初的ともいえよう。

こうした人間関係の葛藤が道徳感情の起源だが、それが言語や文化の異なる民族に共有されるためには、キリスト教的な唯一神として抽象化される必要がある。ところが日本人の場合、そういう大きな社会を統括する国家の生まれるのが非常に遅かった（明治以降）ため、社会を抽象的な対象としてとらえる習慣がなく、目に見える人と人の関係の集合としか見ないものと考えられる。

安心社会と信頼社会

よく日本人は集団主義で、アメリカ人は個人主義だといわれる。それが本当かどうかを実験で確かめたのが、山岸俊男の『信頼の構造』（一九九八）である。これはゲーム理論を実験で確かめるもので、学生を三人一組にしてそれぞれに百円あたえ、それを他人にいくら寄付するかを決めさせるゲームを繰り返す。このとき自分が他人にX円寄付すると、それは二倍されて他の三人に与えられ、他の三人も同様だとする。つまりこのゲームは

・互いにX円を寄付したら二X円もらえる
・他の三人がX円寄付して、自分は寄付しないと三X円もらえる
・何もしないとX円もらえる

という「囚人のジレンマ」になる。[14] このとき寄付するかどうかの意思決定は、相手も寄付するかどうかに依存する。相手も協力すると予想するときは、たくさん寄付すると相手もたくさん寄付してくれるが、相手が裏切ると予想するときは、あまり寄付しないだろう。つまり百円のうち何円を寄付するかが、他人に対する信頼の尺度になる。

このようなゲームを実際に現金を渡してやらせてみると、個人主義的なアメリカ人のほうが寄付額が少ないと予想されたのだが、意外にも日本人のほうが少なかった。これはいろいろ設定を変えて実験しても、ほぼ一様に観察されるので、日本人はアメリカ人より他人を信用しないと考えるしかない。

これはアメリカがバラバラの個人の集まる社会なので未知の他人を基本的に信頼する「信頼社会」であるのに対して、日本は特定の集団の中でインサイダーだけを信頼する「安心社会」だからである、というのが山岸の分析だ。こうした安心社会では長期的関係（彼のいうコミットメント関係）のある相手だけを信頼するので、実験で出会うような未知の人は疑うことが既定値になっているわけだ。

山岸は似たような実験をたくさんしているが、『リスクに背を向ける日本人』では、安心社会が崩れ始めていると論じている。「世界価値観調査」では「自分は冒険やリスクを求める」というカテゴリーに当てはまらないと思っている人の比率は、英米・カナダ・オランダなど四〇％前後であるのに対し

て、日本人は七〇％以上で、調査対象国の中で最大である。

常識的にはリスクが低いと思われている日本で、リスクを避ける傾向がこれほど強い原因は、「日本のほうがリスクが高いからだ」というのが著者の答である。一見、雇用の保証がなく自己責任になっているアメリカのほうがリスクが高いようにみえるが、社会のしくみが解雇や転職が多いことを前提につくられているので、クビになっても新たな職を見つけやすい。これに対して日本は、会社にしがみついている限りリスクはないが、その外に出ると転職はきわめて困難でセーフティ・ネットもなく、リスクがきわめて大きい。

実験によれば、日本人は個人としては必ずしも集団主義ではないが、他人の目を気にする傾向が強い。人々が企業や系列などのムラの中で動いて変化に対応する戦略は、変化が系列ネットワークの中で吸収できる場合にはそれなりに有効だったが、九〇年代以降、冷戦の終了によって新興国が世界市場に登場し、資本がグローバルに移動するようになると、企業集団の中でヒトもカネも閉鎖的に管理する日本企業は不利だ。いま起こっているのは、集団主義による閉じた社会が崩れ、個人主義による開かれた社会に移行する過渡的な状況だと思われる。

「水社会」の同調圧力

和辻の素朴な地理的決定論は今日では問題にならないが、土地や気候に日本人の国民性の起源を求める発想は、その後もいろいろなバリエーションがある。その一つが、玉城哲の「水社会」論である。これはウィットフォーゲルの水利社会にヒントを得たものだが、それとは対極にある社会である。

モンスーン地帯の農業の最大の問題は水の供給である。特に日本は国土の一七％しか農地がなく、しかも傾斜が急で米作には適していない。そこで米作を行なうために共同で開墾と灌漑工事が行なわれ、放置すると海に流れてしまう水を貯水し、それを田に引く複雑な水路がつくられた。そこを流れる水が途絶えると稲は枯れてしまうので、緊密な共同作業で水を管理しなければならない。

そもそも各戸ごとの田というのは、江戸時代後期までなかったといわれる。「池田」とか「村田」という姓が示すように、田は村全体のコモンズで、その収穫は各戸に平等に分配された。田が各戸ごとに分割されるようになってからも、村内で水の配分をめぐって争うことは固く禁じられ、そういう秩序を乱す者は文字どおり村八分によって排除された。このコモンズとしての水を守るのが、村民の共有する空気としての掟だった。自由になるには村を離れるしかなく、それは商人などとして成功する場合もあったが、ほとんどの場合は餓死を意味した。

西洋の近代化が農村と都市の対立の中から生まれ、農村が崩壊して都市化することで近代国家が生まれたのに対して、日本では水路によって緊密に結びついた農村の延長上に都市が生まれた。それは畔道の上に道路がつくられた東京をみれば明らかだろう。そこには西洋にも中国にもある城壁がなく、迷路のような細い道の上にビルが建つ。日本の農耕社会は、近代化と工業化の過程で解体せず、農村的なコミュニティがそのまま企業に移行したのだ。

この農村的な気質は消えたようにみえながら形を変えて受け継がれ、現代社会にも残っている。その基盤が農業水利システムと、それを再生産する農村の社会構造にある、というのが玉城の水社会論である。日本は国家の方針として米の増産を至上の命題とし、農民も米の増産に道徳的使命感をもってきた。ここに米の象徴的な価値があり、米を生産する基盤としての水も日本の社会の中で聖なる象徴になっている。

この象徴の社会的な形成のもとで、象徴を持続する社会生活の様式が制度化された。農耕儀礼とむすびついた慣習法的な水利秩序の濃密な形成は、「水社会」の制度的確立を意味するものだったのである。水利施設という確たる物質的基盤をもっただけではなく、水の神聖性を前提とした統制的な社会秩序が、濃密にはりめぐらされた。そして、この統制的秩序は、けっして権力によって強制されたものではなく、日本の農村社会の構造そのものが生みだしたものだったという点が重要である。稲作と水にかかわる儀礼と慣習は、日本の農村社会に数多く発見することができるが、これらは村落社会における水の統制的利用の制度化とふかくむすびついていたのである(15)。

灌漑農業のボトムアップ構造

このように制度化された水利秩序があったため、日本の農村社会は近代化のインパクトを見事に吸収でき、都市に変容をとげたのである。玉城もいうように、日本の宗教はこうした農村の構造に起因する特徴をもっている。これは教義も教会もない「アニミズム」だが、すべての日本人に共有されている。こうした土着信仰が文明国に残っているのは珍しい。西洋では、たとえば土着宗教の冬至の祭は「クリスマス」としてキリスト教に組み込まれたが、日本では土着信仰がイエやムラの世俗的な集団主義として残った。

これは気候や水に恵まれて豊かで対外的な戦争がなく、同質的な人々が一つの村で一生すごす安定したコミュニティが数千年にわたって維持されたためだと思われる。中国のような乾燥地帯では遠くから大規模な運河を引くために東洋的専制が必要になるが、日本は傾斜が急なので水路は小規模になり、村ごとに管理される。

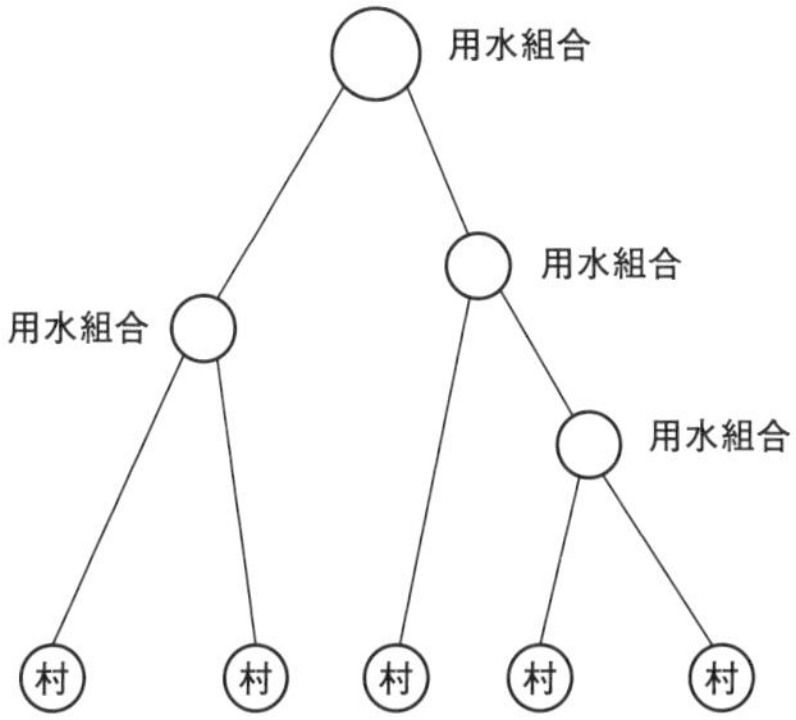

図2　用水組合の系統図

米作を行なうためには水を貯めて田に引く複雑な水路をつくり、緊密な共同作業で水を管理しなければならない。このコモンズとしての水を守るのが、村民の共有する「空気」としての掟だった。そして各村の水利構造も上流や下流と強い補完関係があるので、一つの村だけで完結しない。

このため川の支線ごとに複数の村をまとめる用水組合ができ、それが合流する川にはそれをまとめる用水組合ができる、というツリー状の水利秩序ができた。これを玉城・旗手は図2のような系統図にまとめている[16]。

これは中国型の水利社会と似ているようで違う。ここで決定権をもつのは上流ではなく、下流の村であり、その利害調整を行なうのが支流の用水組合で、その組合どうしの調整を行なうのが本流の用水組合である。つまり皇帝を中心とする水利社会では上流が集中的に水利権をもっているのに対して、日本の水社会では下流の村が決定権をもち、それを調整する組合の合意が上流の組合の意思決定を決める。いわば枝が集まって幹をつくるようなボトムアップの構造になっているのだ。

このように下流の村の決定権が強く、その合意によって自生的に秩序が形成される構造は、自動車のような補完性の強い製造業にたまたま適していた。それが現代にもプリミティブな集団主義が根強く残っている原因だろう、というのが青木昌彦が日本の水利構造と製造業の「意図せざる適合」として指摘した点である。[17]

日本人の肖像——福沢諭吉

『福翁自伝』（一八九九）は、日本の自伝文学の最高傑作といわれる。幕末から明治という激動期を描いただけでも記録としての価値が高いが、それを語る福沢諭吉（一八三五〜一九〇一）の個性がとても魅力的である。これは福沢が六十五歳のときの作品だが、大部分は若いころから壮年期までの回想で、まったく枯れていない。文体も当時としては珍しい口語体で、世間の常識を気にしないで自由に生きる彼の生涯が、ユーモアをまじえて描かれている。坂本多加雄は、福沢を「明治のリバタリアン」と呼んでいる(18)。

彼の自由奔放な生き方の背景には、中津藩の下士（下級武士）の家に生まれ、父親は今でいうとノンキャリアの経理係。読書が好きで金銭は見るのもいやな父親が、志を果たせずに亡くなったことを気の毒に思い、「門閥制度は親の敵で御座る」という有名な言葉が福沢の出発点だった。

彼は五男だったため、家を継ぐことは想定されておらず、父は僧侶になることを望んだという。これは下士の出世には限界があるが、僧侶なら百姓の子でも大僧正になる例があったためだという。こうした封建制度との闘いが、福沢の一生のテーマだった。生まれるのがもう少し早ければ、彼は中津に埋もれていたかもしれないが、おりから黒船が来航し、開国というチャンスが訪れた。

福沢は大坂に出て緒方洪庵の塾に入り、蘭学を学ぶが、江戸に出てからはオランダ語がまったく役に立たないことを悟って英語を勉強し、主として英語を学ぶ塾として慶應義塾を設立する。当時、外国語のできる人物はきわめて稀だったため、咸臨丸に乗ってアメリカに行ったほか、ヨーロッパも訪れ、開国の必要性を痛感する。

他方、国内では攘夷の嵐が吹き荒れ、福沢も暗殺を心配するほどだったが、やがて幕府も開国に方向転換し、明治維新を迎える。福沢が政府に入らなかったことはちょっと不思議にみえるが、実際には彼はかなり遅い時期まで幕府に近い立場で、公武合体論に近い改革を模索していた。このため明治政府とは距離を置き、その後も一民間人として自由な生活を貫いた。

当初の明治維新は一種の宮廷クーデタで、徳川家の支配が薩長に変わっただけだが、開国や廃藩置県によって政治経済状況は大きく変わり、身分制度がなくなったことで、福沢のような下士にもチャンスが訪れた。彼はたびたび海外に渡って「民間外交」をし、その体験を『西洋事情』（一八六六〜六九）や『文明論之概略』（一八七五）などに書いた。ここでも印象的なのは「欧米が進んでいて日本は遅れている」という「洋行帰り」にありがちな話がないことだ。

明治以降の日本人の中で、福沢は群を抜いて重要な人物である。十九世紀末に彼のようなスケールの大きな自由人が社会に大きな影響を与えたことは日本にとって幸運だったが、彼も晩年には対外的な拡張主義に傾斜した。これについては、『時事新報』に書かれた社説がどこまで福沢のものかについて解明されていない部分が残っているが、彼が日清戦争に義捐金をつのり、ある種の国権論に傾斜したことは間違いない。

しかし「一身独立して一国独立す」という言葉が示すように、彼の個人主義はナショナリズムと一体であり、国権論は独立自尊と矛盾していなかった。当時の国際情勢では、国家の独立を守ることが個人の独立を守る前提だったからである。

第二章

「空気」の支配

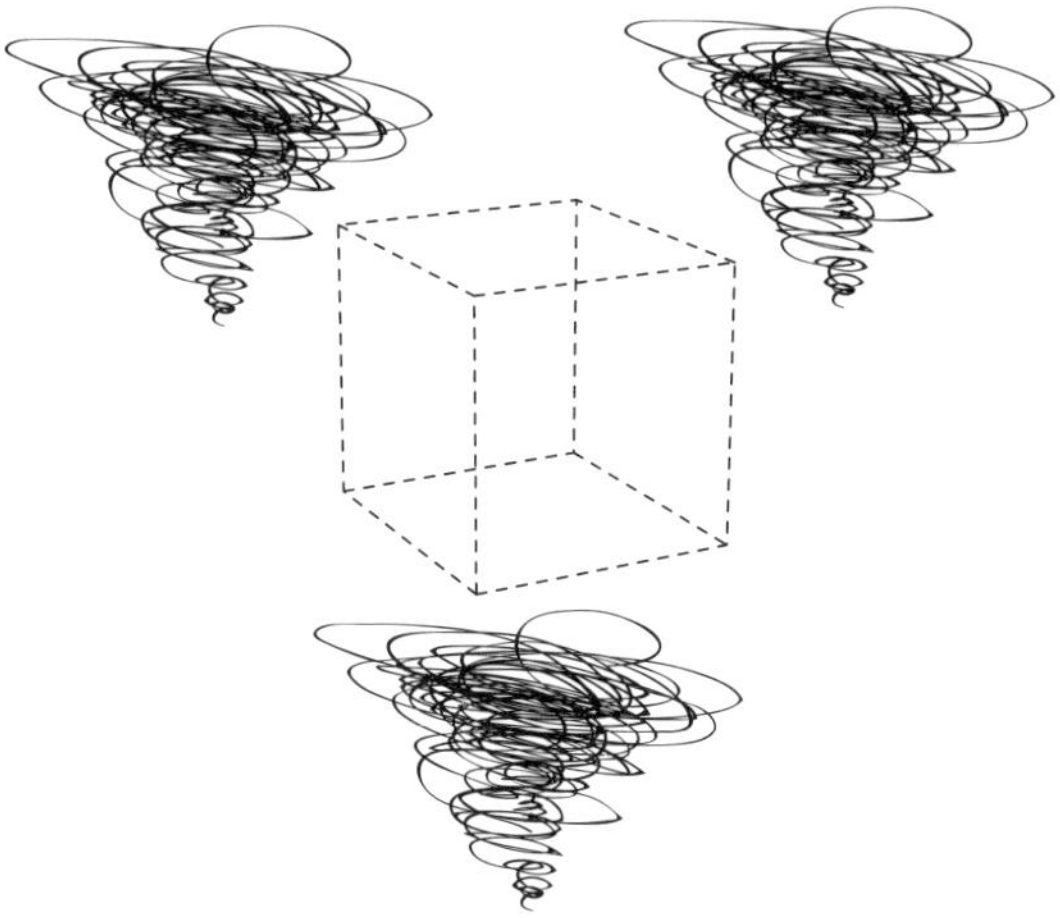

七〇年代になると、日本人が急速な経済成長で自信を持ち始めたためか、日本人論が大流行する。その先駆けとなったのが、イザヤ・ベンダサンの『日本人とユダヤ人』（一九七〇）である。これは著者が匿名だったことがいろいろな憶測を呼んで話題になったが、今ではよく知られているように山本七平（一九二一〜一九九一）である。

もとは一時的なお遊びだった（ペンネームも品のよくない駄洒落）と思われるが、三百万部を超えるベストセラーになって引っ込みがつかなくなったのか、その後も山本はベンダサン名義を使いわけた。本多勝一との「百人斬り」論争などもこの名前で書いたが、さすがに匿名で論争するのはフェアではなく、ユダヤ人が日本軍の話をくわしく知っているのは不自然なので、その後は山本が実名で書くようになった。

「日本教」の特殊性

『日本人とユダヤ人』の一貫したテーマは「日本人は平和な国に住んで安全はタダだと思っている」という事実を、その逆の境遇にあるユダヤ人の目を借りて指摘したものだ。これは日本軍で生死の境をさまよった山本の原体験が反映しているものと思われるが、これをユダヤ人から見た日本論という形で軽妙な文明論に仕上げている。

山本の基本的な主張は、日本が非西洋で唯一、自力で近代化をとげた最大の原因が、海に隔てられて平和だったからで、それを支えるのが日本人独特の信念体系であるということだ。これ自体は独自の見解ともいえないが、山本の独自性はこれをユダヤ人という外の目を仮構して比較したことだ。彼の出発点も梅棹と同じく、日本が世界の中でも異例に平和な国だという点にある。

日本人を、ユーラシア大陸から少し離れた箱庭のような別荘で何の苦労もなく育った青年と見るなら、ユダヤ人は、ユーラシアとアフリカをつなぐハイウェイに、裸のままほうり出された子供である。日本人は戦争を知らない、いや少なくとも自国が戦争になった経験はない、と言えば、多くの日本人は反論するだろう。だがその反論自体が、日本人の、たぐいまれな恵まれた環境を物語っているにすぎない。(1)

パレスチナでは毎年、秋になって農民が刈り入れを終えると、遊牧民族がやってきて収穫と家畜を奪い、抵抗する者と動けない者は殺し、動ける者は奴隷として連れ去る、という歴史が三千年以上にわたって続いた。「チグリスの巨人は北から攻め下り、ナイルの巨人は南から攻め上った。海の民は海岸に進攻し、あるいは海岸沿いにエジプトに進み、一方ヨルダンの彼方からは絶えず遊牧民が流れ込んだ」。

パレスチナは世界でも最も戦争の多い地域だが、日本とどちらが普通かといえば、歴史的にはパレスチナのほうが普通に近い。梅棹の想定とは違って、西洋の主権国家もこのような継続的な殺し合いの中で生き残った都市国家の集合体である。ユダヤ人には自分を守ってくれる城壁はないので、個人が金や才能の力で自分を守るしかなかった。

こうした苛酷な環境でユダヤ人を結びつけているのは、いうまでもなくユダヤ教だが、これに対して「別荘」に住んでいる日本人には宗教がないといわれる。しかし山本は、日本人には独特の宗教があるとして、それを「日本教」と呼んだ。これは教典をもつ宗教という意味ではなく、Christianityをキリスト教と呼ぶように「日本人であること」を日本教と呼んだのだ。

ユダヤ人とは何か、という問いには決まった答がない。それは遺伝的にも言語的にも国家的にも定義できないからだ。しいていえば「ユダヤ教を信じる人々」をユダヤ人と定義するしかない。同じように日本人とは何かといえば「日本教を信じている人々」と定義することができる、と山本はいう。

日本のように二万年前に大陸から切り離されて以来、まったく対外的な戦争を経験していない大国というのは世界にない。日本人は「平和な別荘でおかいこぐるみで育てられ、秀才だが世の荒波を知らない」。民族が死ぬか生きるかの決断を迫られたことがないので、「和」を重視して際限なく問題を先送りする。祖国を喪失した経験もないので国家を意識したことがなく、政府は人々に恵みを与える父親のようなものだと思っている。

日本人が無宗教だといわれるのは、キリスト教のような教義や教会をそなえたreligionを宗教のモデルにするためだ。日本の民俗信仰には体系的な教義はないが、これは他人を信じるという意味のbeliefがきわめて強いためで、超越的な教義が必要ないと考えることもできる。この場合の「他人」は不特定多数ではなく、自分と同じ集団に所属するメンバーだけである、と山本はいう。

この底には「人間とは、こうすれば相手もこうするものだ」という確固たる信仰が相互にある。〔中略〕ここには、日本人が絶えず口にする「人間」「人間的」「人間味あふるる」といった意味の人間という言葉を基準にした一つの律法があるはずで、日本人とはこの宗教を奉ずる一宗団なのだ。(2)

この「日本教」は、すべての日本人に共有されている。これはベネディクトの分類でいえば、罪の文化と恥の文化の違いともいえよう。日本人の場合は、神の絶対的な命令があるわけではないが、その拘束力はキリスト教に劣らず強い。外国人が日本で驚くのは、落とし物が見知らぬ人に拾われても警察に届けられることだ。拾い主は名乗らないことも多いので、報酬を期待しているわけではない。「他人の目」が内面化されて、神と同じように遍在しているのだろう。

自転する組織

「同じ人間だから」という信仰にもとづく「日本教」は、平時にはきわめて効率がよい。不利な気候条件で稲作をやるために厳密にスケジュールを組んで全員一致で農作業を行なう「キャンペーン型稲作」は、労働集約的な生産性の高い農業を生み出し、これが近代以降の工業化の基礎になった。

しかし日本人どうしのローカルな集団に依存する日本教は、戦争のような大きな目的のために資源を動員するときは、弱点を露呈する。敵に勝つことを至上目的にしなければならない軍隊の中で、勝敗よりも組織内の人間関係が重視され、面子や前例主義がはびこり、組織が自己の存続のために「自転」するのだ。

日本軍の欠陥として多くの人が指摘するのは、目的意識の欠如である。山本によれば、日本軍の教育で対米戦争を想定するようになったのは、戦争が始まってから二年近くたった一九四三年八月だったという。それまでの教育はすべて対ソ戦を想定しており、演習で想定されたのは北満州とシベリアだった。武器も零下三〇度になっても機能するようにつくられていたので、高温多湿の南方では使い物にならなかった。このような陸軍の奇妙な状況について、ある将校はこう教えてくれたという。

「軍、師団、連隊といってもこれは分岐していく神経系のようなもので、実際に動く単位は第一線の中隊でしょ。いわば手足ですね。［中略］そして将校は、それをどのように自由自在に動かすかを考えるということですね。そのために戦術を学び、教育訓練を施す。しかし、その組織自体が、当面の敵と当面の戦場にマッチしたものかどうかは、だれも考えなかったんです(3)」

このように戦争の目的を考えないで、既存の組織をうまく動かすことだけに全力を傾ける組織を、山本は「自転する組織」と呼んだ。もちろん軍隊が自転していると戦争に負けるので、近代国家では指導者に求められる第一の資質は戦争を指揮する力であり、一時の感情に流されないで長期的な戦略を考え、敵に勝つという目的のために優先順位をつけて捨てるべきものは捨てる判断力だ。

ところが日本の組織では、指揮官が「空気」にこだわり、「同じ人間」である兵士を全員生かそうと無理な戦いを続けて全滅する。これを山本は、自分の経験をもとにこう述べている。

状況がうまくいかなくなると、それぞれ自分の部下がかわいいから、決定的な局面に立たせるのはいやだということになる。どうしても全員応分に犠牲を負担しろという結論になっちゃうでしょう。すると、ある場所を支掌点《しとうてん》として、全滅してもかまわないからそこをもちこたえている間に、ほかの部隊が別の方面から行って全体として勝ちをおさめるというような作戦ができなくなるんですね。ただ、ひたすらがんばれといわれて、崩壊するまでがんばりますけど、崩壊すると、ちょうど一家離散みたいなもので、二度と再編成できない。(4)

このような「部分最適化」は、日本軍の特徴である。全体としての戦略を立てることができず、声の大きい将校に引っ張られて場当たり的に戦線を拡大する。目的に合わせて戦力や兵站を整えるという発想がないので、補給のバランスが悪くて餓死者が大量に出た。

各部隊の利害を調整して戦争が行なわれる「ボトムアップ」の構造は、おもしろいことに伝統的な武士の組織とよく似ている。映画などでは戦陣に殿様が座ってその周りを家臣が囲んでいるが、実際の戦争では家臣はそれぞれ備《そなえ》という数十人の小隊を率いて分散的に配置され、指揮官(旗頭)の命令によって臨機応変に動き、中央の指揮は仰がなかった。こうした備の機動性の高い大名が、戦国時代を勝ち抜いたのだ。(5)

このように小集団が「自転」する構造は、現代の官庁や企業にも受け継がれている。個々の現場がタコツボ化して、全体を統括する中枢機能が弱い。目的を設定して必要のない部分を切る全体戦略がないので、現場がいくらがんばっても収益が上がらない。意思決定が人間関係に依存しているため、指揮官は調整型になり、子飼いの部下ばかり集まる。「平時」に淡々と業務を運営するときは強いが、「有事」の危機管理に弱い。

日本軍を動かした「空気」

「空気」という言葉は学術用語ではない。山本七平の使った比喩で、厳密な定義があるわけでもないが、最近でも「空気読め」とかKY（空気を読めない）とか、日常語でもよく使われる。山本は「ムード」とも言い換えているが、「空気」はそういう雰囲気だけではなく、まわりの人々の暗黙の同調圧力をさすことが多い。

山本は日本軍の体験を詳細に記録しているが、その中から軍の非合理的な行動の中に共通点があることを発見した。それは目的のために最適の方法を考えるのではなく、その場の「空気」を読んで人々の合意の得やすい方向に意思決定が行なわれることだ。

山本が『「空気」の研究』（一九七七）で紹介した戦艦大和のケースは有名である。一九四五年四月、戦艦大和は沖縄に向けて「特攻出撃」することが決まった。大和の停泊していた呉から沖縄まで、航空機の護衛もなしに出航する作戦は、常識的には考えられないが、沖縄の戦局が不利になってきたため、連合艦隊司令長官と軍令部総長の決裁で特攻作戦が決まり、連合艦隊の幹部に通告されたのだ。しかし戦後それについて追及された軍首脳は、誰もそれをおかしいとはいわなかった。

「文藝春秋」昭和五十年八月号の『戦艦大和』（吉田満監修構成）でも、「全般の空気よりして、当時も今日も（大和の）特攻出撃は当然と思う」（軍令部次長・小沢治三郎中将）という発言がでてくる。この文章を読んでみると、大和の出撃を無謀とする人びとにはすべて、それを無謀と断ずるに至る細かいデータ、すなわち明確な根拠がある。だが、一方、当然とする方の主張はそういったデータ乃至根拠は全くなく、その正当性の根拠は専ら「空気」なのである。(6)

軍令部の命令に対して第二艦隊では「いかなる状況にあろうとも、裸の艦隊を敵機動部隊が跳梁する外海に突入させるということは、作戦として形を為さない」という反対論が強かったが、最後は「陸軍の総反撃に呼応し、敵上陸地点に切りこみ、ノシあげて陸兵になるところまでお考えいただきたい」という声に押されて、伊藤整一司令長官が作戦を決定したという。

実際には大和は、沖縄に到達するはるか手前の鹿児島県沖で米軍機の攻撃を受けて沈没し、第二艦隊の将兵三千七百人余りが死亡した。それは第二艦隊のみならず、連合艦隊総司令部も軍令部も予想していたことだった。この特攻出撃は形式的には連合艦隊総司令部と軍令部の命令なので、第二艦隊はそれに従わないと抗命罪に問われるという弁明もありうるが、命令を出した連合艦隊と軍令部は何を考えていたのだろうか。

戦後になっても、前述のように軍令部の小沢次長は「空気」によって命令を正当化し、連合艦隊の豊田副武司令長官も「戦後、本作戦の無謀を難詰する世論や史家の論評に対しては、私は当時あああせざるを得なかったと答うる以上に弁疏しようと思わない」と述べたという。

ここでは目標が正しいかどうかより、それについて周囲の人々がどう考えているかが優先され、メンバーの生存より集団内の「和」を重視して物事が決まってゆく。海軍の首脳も、大和が沖縄に突入して乗員が上陸して米軍を迎撃するという荒唐無稽な作戦が成功するとは思っていなかっただろう。このとき彼らは三千七百人の生命と「空気」を比較衡量して後者をとったことになる。それほど強い影響力をもつ「空気」とは何だろうか。

公害反対運動と臨在感

『「空気」の研究』のテーマは日本軍ではなく、当時ピークに達していた公害反対運動の批判である。公害対策基本法の第一条（目的）には「経済の健全な発展との調和を図る」という規定があったが、野党やマスコミが「公害の防止に経済との調和を考えることは不適切だ」と批判したため削除された。これは今の反原発派が「命の問題を金に代えるのは不謹慎だ」というのに似ている。

たしかに水俣病のころは公害で多くの死者が出たので、有機水銀の経済性を考えるのはおかしいが、その後の公害問題ではそれほど死者は出ていない。水質汚染や大気汚染は体によくないが、それで死ぬ人は少ない。他方、それを防ぐために過剰規制を行なうと、企業のコストが上がって経済が打撃を受ける。最近の地球温暖化に至っては、その原因がCO_2なのかどうかさえはっきりせず、対策には莫大なコストがかかる。

つまり環境問題は、基本的には経済問題なのだ。放射能によって癌が起こるリスクもゼロではないが、それより大きなリスクがタバコにも酒にも塩分にもある。リスクと便益のトレードオフの中で選択するしかない。これは当たり前の話だが、公然というと激しい感情的な反発を受ける。この点で、一九七〇年代に反発を恐れずに「空気に水を差した」山本の勇気は立派なものだ。

これは彼の軍隊生活の苦い教訓によるものと思われる。客観的な目標を設定しないで、身内の都合や上官の面子で戦闘が行なわれ、出さなくてもいい犠牲を出す。それと同じ構造が、軍隊を否定する「革新陣営」の中にあるという指摘は、いま読むとなかなか新鮮である。こういう「動機がよければ結果を問わない」主観主義も日本人の特徴だ。

公害問題は、最初は水俣病やイタイイタイ病などの患者が大量に出た病気から始まったが、そのうち大気汚染や水質汚染をすべて槍玉に上げ、ダイオキシンやカドミウムなどの有害化学物質をゼロにすることが求められるようになった。

> 最近ある小冊子で、専門学者が公害問題について語っているのを読んだが、多くの人は「いまの空気では、到底こういうことはマスコミなどでは言えない」という意味の発言をしている。〔中略〕この傾向は公害だけでなくすべての面にある。従ってもし日本が、再び破滅へと突入していくなら、それを突入させていくものは戦艦大和の場合の如く「空気」であり、破滅の後にもし名目的責任者がその理由を問われたら、同じように「あのときは、ああせざるを得なかった」と答えるであろうと思う[7]。

このように意思決定の責任ある人を「ああせざるをえない」心境に追い込む「空気」は、日本では「一つの宗教的絶対性をもつ」と山本は述べる。それは西洋の宗教戦争で何百万人の人々が信仰のために死んでいったのと同じぐらい強いモチベーションとなったが、その宗教としての内容はほとんどない。彼らが「天皇陛下万歳」と叫んで死んでいったからといって、天皇をなくせばこういう行動がなくなるわけでもない。天皇は日本人の共有する「空気」を象徴する記号にすぎないからだ。「戦争をなくすために日の丸や君が代を廃止しよう」という人々は、意味するものと意味されるものを取り違えている。

それを山本は「臨在感的把握」と呼び、日本古来の「アニミズム」によるものとしている。アニミズムの語源である「アニマ」は空気を意味するラテン語で、日本語で「霊」と訳すが、古代人は呼気や風の中にも霊が宿っていると考え、物質的な空気と霊魂の区別をしなかった。人々を取り巻くコンセンサスを彼は「空気」と呼んだのだ。

このように暗黙の合意でものが決まることはどんな社会にもあるが、それが法律や人命に優先する「空気の支配」は日本に特有の現象だ、と山本はいう。明治以降の啓蒙主義では、「霊の支配」などというものは前近代的な迷信だと考え、科学的に説明できない因果関係は認めないが、公式に認められないがゆえに「空気」はあらゆる意思決定に遍在し、日中戦争も太平洋戦争も、明確な判断なしに「空気」に引っ張られてずるずると戦争に突入した。

アニミズムから一神教へ

アニミズムとかトーテミズムという呼称は、キリスト教のような教義をもつ宗教だけを特権化するものだが、日本の土着信仰の特色が臨在感にあるという山本の指摘は重要である。アニミズムが「物神論」とも訳されることでもわかるように、臨在感的把握はマルクスのいう「物神化」である(8)。

それは日本人に固有の信仰ではなく、資本主義社会を根底で支えているメカニズムである。たとえば一万円札は、物質的には紙切れにすぎないが、人々がそれに価値があると信じるから一万円札は流通するという同語反復的な構造をもっている。

こういう信仰は類人猿にはみられず、人間でも幼児や自閉症の患者には欠けているので、人間関係を調整するための心的メカニズムと考えられる。飢えと戦争のリスクに直面する人々が集団として生き残るための淘汰圧はきわめて強かったので、個人を犠牲にしても集団を守る感情が進化したのだ。

その一つはフリーライダーを憎む感情だが、もう一つは同じものを信じる感情である。たとえば言葉の音素とその意味の間には必然的な関係はないが、その意味をいちいち合理的に決めていてはコミュニケーションが成り立たないので、暗黙知を共有する能力が円滑な人間関係の条件である。

特に紛争を解決するためには規範の共有が必要だが、それは自明ではない。たとえば「他人の物を盗むな」というモラルは個人的には不合理だが、それを人々が信じないと社会が崩壊する。こういうモラルを実装するために、超自然的な実体を人々が信じて「神様の罰が当たる」と信じることが必要になる。こうした信仰をもたない「合理的個人」からなる個体群は、とっくに滅亡しただろう。

しかしこうしたシンボルとその意味の関係は恣意的だから、文化圏によって違う。たとえば日本では男性器を「道祖神」として繁殖のシンボルに使うが、こういう信仰は西洋人には通じない。御神体は信仰を共有する村だけのシンボルなので、共同体の中では同一だが他の共同体とは違い、異なる信仰が衝突すると紛争が起こる。

それを解決して「大きな社会」を統合するためには、ローカルな共同体を超える規範が必要だ。それがユダヤ教のもたらした革新だった。ユダヤ教では絶対的な価値は神だけであり、人々は神の律法のみに従って行動することが求められる。

地上の人間や物質は神につくられたものだから、そういうものに価値を認めることが禁じられているのだ。それは山本のいうように、ユダヤ人にとっては民族の団結を守って戦うことが絶対的な要請だったからである。

中東や西欧のような、滅ぼしたり滅ぼされたりが当然の国々、その決断が、常に自らと自らの集団の存在をかけたものとならざるを得ない国々およびそこに住む人びとは、「空気の支配」を当然のことのように受けいれていれば、到底存立できなかったであろう。そしておそらくこのことが、対象をも自らをも対立概念で把握することによって虚構化を防ぎ、またそれによって対象に支配されず、対象から独立して逆に対象を支配するという生き方を生んだものと思われる。(2)

キリスト教も偶像崇拝を厳禁したが、カトリック教会は堕落して世俗的な権威になった。カルヴィニズムはカトリック教会の権威も否定して、神以外の価値をすべて拒否した。これによってキリスト教は、ローカルな価値の違いを超えた抽象的な観念のみに依拠する「世界標準」を実現したのだ(10)。

このように普遍的な理念を絶対化し、自然を対象として客観化するユダヤ人の発想が、キリスト教によってヨーロッパにも受け継がれ、近代科学の自然観の基礎になった。これに対して、日本人は「ユーラシア大陸から少し離れた箱庭のような別荘で何の苦労もなく育った」ので、そういう激烈な戦争を知らない。少なくとも自国が戦争になった経験はない。

温暖な気候に恵まれ、戦争の少なかった日本人は、すべてを相対化する。唯一神のような超越的価値を基準にする「固定倫理」と違って、特定の集団の中の「空気」に依存して変化する「情況倫理」は、その妥当性を判断する尺度がなく、地域ごとにバラバラになりがちだ。何にどういう霊が宿るかは村によって違い、時の経過によっても変化する。

あるときまでは「現人神」を崇拝していた人々が、戦争に負けると「民主主義」に熱狂する、というように「ジグザグ型」に価値観が相対化され、何が究極的に正しいかとか、時代を超えて普遍的な価値は何か、といったことは問われない。そのときの気分で、ファッションのようにいろいろな霊を信じては脱ぎ捨てる。

こういう「閉じた社会」では、よくも悪くも絶対的な権威は成立しにくい。人々はローカルな共同体の中だけでシンボルを共有しているので、それを超えた全体の指導者が出にくいのだ。日本の場合も、全国的な政権ができたのは十九世紀後半になってからで、その政権も軍をコントロールできずに自滅してしまった。ユダヤ教のような一神教は戦争のために国家を統合するイデオロギー装置であり、それをもたない日本人が近代国家を運営することはむずかしい。

一揆と下克上

山本は、日本社会を下が上を支配する「逆方向のタテ社会」だという。[11] 江戸時代の大名でも、主君と家臣の上下関係は弱く、主君だけで意思決定はできなかった。家臣のコンセンサスを踏み超えるご乱心の殿様や急進的な改革をする殿様は「押込」によって隠居させられることが珍しくなかった。幕府も主君につねに味方したわけではなく、このように主君の権威が弱いことが「お家騒動」の頻発する原因だった。

日本の組織が年功序列であることがよく問題になるが、これは年齢で上下関係をつくらないといけないぐらい日本社会が平等であることを示している。戦国時代に特有の現象のように思われている「下克上」も、少なくとも鎌倉時代からみられる現象で、押込はそれを制度化しただけだ。江戸時代に身分制度でそれを固定したのも、そうしないと農村の秩序が守れないからで、これを定期的にリセットする運動が一揆である。

年功序列は戦後の新しい現象で、武家でも農村でも「年寄り」が尊敬されることはあったが、厳密な年功序列はなかった。[12] 江戸時代には勝海舟のような最下級の武士でも能力があれば対外的な交渉の大権を与える能力主義が機能していた。もともと年功制というのは、武士としての身分によらないで「功績」によって序列をつける、抜擢のシステムだった。

ところが明治以降、武士としての身分がなくなると「功績」が「年齢」にすりかえられ、官僚機構（特に軍）では厳格な年功序列が制度化された。民間では戦前まで終身雇用も年功序列もなかったが、戦後は大企業で官僚制度をまねた年功序列が広がった。自民党の世襲は、そのさらに堕落した形態である。

本源的な日本型組織は平等主義で、一揆と下克上と押込は本質的には同じだ。一揆というと筵旗を掲げて代官所に押し寄せる江戸時代の百姓一揆を思い浮かべるが、その最盛期は中世で、参加者も百姓だけではなかった。僧兵の行なった強訴や、武士が将軍の住む御所を取り囲んで要求する御所巻も一揆の一種だった。指導者には武士が入っていることも多く、そういう古典的な一揆の最後が島原の乱だった。

唯物史観では一揆は階級闘争とみられることが多いが、その実態は「一味神水」などの儀式で日常的な共同体と縁を切り、権力に対して訴える一時的な結社のようなものだった。網野善彦のいう無縁の世界は、自由だが不安定なので、彼らは起請文などの契約で団結を確認した。つまり共同体から離れて目的をもつ機能集団が、日本にも中世からあったのだ。

しかし一揆は、徳政令などの目的を達成すると解散した。「百姓一揆とは、「武士は百姓の生活がきちんと成り立つようによい政治を行う義務がある」という「御百姓意識」に基づく待遇改善要求であるから、既存の社会秩序を否定するものではない[13]」。このため一揆は、西洋の市民革命のような変革には発展しなかった。

戦後の「革新政党」から最近の反原発デモに至る反政府運動も、一揆の系譜を引くものといえよう。それは武家の「主君押込」とも似ている体制内改革だ。暴君は排除するが、国家の枠組は変えないのが日本的な平和主義の伝統で、それは小集団の「まとめ役」である領主や主君が「空気」を読めないで共同体の秩序を破るとき、「空気」に従わせる運動である。

このような「王殺し」は未開社会によくみられるが、日本では、こうした構造が現代にも受け継がれている。経営者は企業を支配するのではなく、部下に「まつり上げられる」立場であり、実際の仕事は現場が起案して、上司は承認するだけだ。こうした自律分散型の構造は、小集団の利害が一致するときは中央で指示しなくても「創発的」に秩序を形成して成長できるが、全体をコントロールする司令塔がないので、大きな方向転換がむずかしい。

こういう構造が残っている一つの原因は、日本が対外的な戦争を経験しなかったために共同体の淘汰圧が小さかったことに求められよう。小集団が戦争で破壊されると人口が流動化し、紛争を抑制する支配者が必要になる。これは西洋だけではなく、中国でも「大きな社会」では専制支配がないと秩序は維持できない。

ところが日本のように平和が続くと、よくも悪くも古代的な秩序を守ることができる。そのためには集団の規模を小さく保ち、集団間の人口移動は最小化し、集団内では平等主義を守る必要がある。徳川幕府は、まさにこれを実行して三百年の平和を実現したのである。

動機の純粋性

社会学的にいうと、戦争という明確な目的をもつ軍隊は、人々が必要に応じて使って捨てる「機能集団」にすぎない。それが日本軍では、人々が死ぬまで所属する「共同体」の原理で支えられていたところに問題があった。戦争の場合は戦力の最大化が目的だから、ある部隊が犠牲になっても全体として勝てばよい。ところが日本軍は各部隊を単位とする共同体なので、すべての部隊を生かすことが建て前になり、結果として全滅してしまう。

ただ戦争というのは命をリスクにさらすわけだから、合理主義だけでは行動できない。国家のために自分を犠牲にするモチベーションが必要で、それが普通の近代国家では愛国心とかナショナリズムである。しかし日本の場合はそういう理念ではなく、「動機の純粋性」という美的な要素が大きかった、というのが山本の指摘する奇妙な特徴だ。

> 天皇の絶対と個人の規範だけが絶対化されれば、その人間が純粋に天皇を思い、規範においても純粋であればそれでよいことになります。五・一五事件の弁護論はすべてその発想に基づく動機純粋論でしたよ。弁護を担当した菅原という弁護士が私の父がやっていたビル会社にいて知り合いだったんですが、要するに弁護の方法は一つしかない、動機が純粋であった、だから褌まで替えていったと押してゆけばそれでよいのだという。そうすれば世論が味方をしてくれる。事実、助命嘆願書の集まり方はものすごかったもの。(14)

これを山本は尊皇思想以来の「擬制血縁共同体」の伝統だというが、のちほど見るように丸山眞男は古事記以来の伝統だとしている。いずれにせよ、こういう行動原理は目的合理性とは対極にある心情倫理で、戦争のように全体のために部分を犠牲にする判断の必要とされている状況では、悲惨な結果をもたらすことは目に見えていた。

これは「是・非」論と「可能・不可能」論の区別ができないという日本的思考の弱点と関係がある。

山本は「日本は、なぜあんな勝てない戦争に突入したんだろう」という疑問を解く鍵は「是・非」論と「可能・不可能」論の区別ができない日本的思考にあったと、みずからの体験にもとづいて次のように指摘している。

私だけでなく多くの人が、事ここに至った根本的な原因は、「日本人の思考の型」にあるのではないかと考えたのである。〔中略〕そしてほとんどすべての人が指摘したことだが、日本的思考は常に「可能か・不可能か」の探究と「是か・非か」という議論とが、区別できなくなるということであった。〔中略〕そしてそんなことを一言でも指摘すれば、常に、目くじら立ててドヤされ、いつしか「是か・非か」論にされてしまって、何か不当なことを言ったかのようにされてしまう、ということであった。(15)

補給を考えないで「大和魂」ですべてを解決しようという発想が、戦死者の半分が餓死という愚かな戦争をもたらした。NHKが発掘した日本海軍の証言には、特攻隊について同じような指摘がある。従来の公式見解では、特攻出撃を命じたのは当時の軍令部などの海軍の中枢ではなく、「現場の熱意」だということになっているが、元海軍軍人反省会では「軍令部も参謀本部も事前に了解していた」という証言が出てくる。

取材班が調べると、神風特攻隊の前に人間魚雷「回天」の出撃命令（大海指）を軍令部が出したことが判明する。当時の軍令部第一部長だった中澤佑は、別の講演で軍令部の責任を否定して「私はハンコを押していない」というが、決裁を求めた元部下は「中澤部長のハンコをもらった」と証言する。敗戦直後に軍が関連書類を焼却したため証拠は残っていないが、中澤の言葉は印象的だ。

特攻というのは、これは作戦ではないと。作戦というのは、命令、服従。これらの関係で、やるので、お前その行って死ね、とこういう事を命令するというのは、作戦に非ずと。作戦よりももっとデグリーのオーダーの高い崇高なる精神の発露であって、作戦に非ずと。[16]

これは（実際には作戦を承認した）自分の責任を逃れる言い訳だろうが、正直な感想ともいえよう。一九四四年当時のせっぱ詰まった状況で「自爆攻撃しかない」という現場の作戦に決裁を求められれば、上官として拒否できなかっただろう。また生還する見込みのない作戦に出撃するには非常に強い意志が必要で、上官の命令だけでできることではない。上官が兵士を整列させて「特攻を志願する者は前に出よ」というと、全員が競って前に出たという。

五千人以上の兵士が「自発的」に自爆攻撃に出撃した動機は、何だったのだろうか。それを苦しげに説明する当時の上官は「崇高なる精神の発露」とか「厳格な精神作用」といった精神論を乱発し、取材班の「作戦が成功する見通しはあったのか」といった質問には答えない。ここでは何のために戦闘を行なうのかという目的合理性が欠如し、命を捧げて全体に奉仕するという動機の純粋性が自己目的化している。

このような美意識で命を犠牲にできるのは日本人の強みでもあり、弱みでもある。それは「できるかできないか一切考えない。ただやる。無我だ。真っ白だ。突撃だ」という「プロジェクトX」のスローガンにもみられる、日本人の職業倫理のコアである。

日本人の肖像――北一輝

北一輝（一八八三〜一九三七）といえば、一般には二・二六事件を煽動した狂信的なファシストぐらいにしか思われていないだろう。しかし彼は近代日本のもっとも重要な思想家の一人であり、現代にも深い影響を与えているという点では、ほとんど福沢諭吉に匹敵する。

彼の『国体論及び純正社会主義』（一九〇六）は、佐渡島の二十三歳の若者が独学で書いたとは思えない驚くべき著作で、内容は、マルクス以降の社会主義を日本の天皇制と結びつけ、天皇を君主とした社会主義国家を建設しようとするものだった。彼の基本思想は昭和期の右翼のような超国家主義ではなく、むしろマルクスに近い社会主義である。

それが国体に反するがゆえに、彼は天皇を前面に出したが、実質的には天皇機関説に近い立場をとっていた。彼は明治維新を、天皇という傀儡を立てた「社会主義革命」だと規定し、来るべき革命はそれを完成させる第二の革命だと考えていた。

『国体論及び純正社会主義』を要約して書いた『日本改造法案大綱』（一九二〇）は二・二六事件の聖典となり、北はその責任を負って刑死した。ここには華族制の廃止、普通選挙、言論の自由、農地改革、労働八時間制、義務教育制、基本的人権の擁護など、戦後改革を先取りするような項目が含まれている。事実、社会主義者の多かったGHQ民政局は、戦後改革を立案するにあたって『改造法案』を参考にしたといわれる。

しかし北の思想を青年将校が「天皇親政」の理論的支柱に使ったのは誤解だった。北の思想は天皇機関説に近く、むしろ天皇を傀儡として社会主義の梃子にするという発想だったが、当時の社会主義にとって敵だった天皇を利用するのはかなりきわどい戦術だった。二・二六事件で彼が青年将校を煽動したことは事実だが、彼が武装蜂起を指導したわけではない。それはクーデタの責任を軍内部の皇道派ではなく北に押しつける陸軍の意図によるものだった。

北の基本思想は、今風にいえば、列強が力によって全世界に押しつけようとしたグローバルな市場原理主義を「道義を忘れ利潤を追求する資本家のエゴイズム」として否定し、さらに高次の個人と社会を止揚した共同体国家を建設しようとするものだった。したがって百万円以上の私有財産は国家が没収し、絶対的な平等社会を実現しようとした。こうした救貧思想は、当時の疲弊した農村から出てきた青年将校の心をとらえた。

しかし彼が幸徳秋水などと違ったのは、この革命を天皇の権威を梃子にしたクーデタとして実行しようと考えた点だった。さらに帝国主義が領土拡大のために互いに激しく争っている時代に、それを座視することは自国を侵略される結果になるとし、対外的膨張主義を主張した。これは単なる植民地主義ではなく、宋教仁（孫文のライバル）などの「支那革命」と連携して、西洋文明に対抗する東洋的共和政を実現しようとするものだった。

結果的には、皇道派の青年将校は処刑されたものの、世論には彼らに同情する風潮が強まり、統制派の軍人も強硬路線をとるようになった。北を師と仰ぐ岸信介などの「革新官僚」は満州に社会主義の理想郷を建設しようとし、商工相になった岸は国家総動員法によって戦時体制をつくった。

これが中央集権的な現在の官僚機構の原型になり、「一九四〇年体制」などといわれるものだ。戦後もこのころできた終身雇用・年功序列・企業内組合・間接金融などの制度は残り、岸は処刑をまぬがれて自民党の保守本流となり、彼の路線は通産省の産業政策になった。この点で、北の思想は現代にも大きな影響を与えている。

そして北の社会主義思想は、戦後も社会党やそれに随伴する朝日＝岩波文化人に受け継がれる一方、国家を個人より上位に置く北の思想は「ゴーマニズム」に戯画化される右翼文化人に受け継がれている。彼らは、思想的に正反対のようでいて、ともに日本近代の病である家父長主義の域を一歩も出ていないのである。

第三章
日本人の「古層」

戦後の思想家の中で、丸山眞男（一九一四〜一九九六）ほど多く語られた人はいないだろう。彼は大塚久雄や川島武宜などとともに「近代主義」の教祖として知られ、戦後の講和問題や安保条約の改正の際には「革新陣営」の理論的指導者となり、日本の進歩的知識人の代表として論壇の中心的存在だった。

しかし全面講和や安保反対の運動は挫折し、丸山は政治活動の第一線から退き、彼の本業である日本政治思想史の研究に専念した。東大紛争では、研究室に踏み込んできた全共闘を「ファシストでもそんなことはしなかった」と批判して「戦後民主主義の限界」といわれ、その後は政治やメディアの表舞台から去って、なかば忘れられた存在になった。

彼の死後に講義録が刊行され、その全体像が最近になってわかってきた。そこに見られるのは、戦後民主主義の旗手とか革新陣営の教祖という華やかなイメージとは違う、日本の伝統と苦闘する知識人の姿である。

超国家主義の構造

丸山の出世作は、一九四六年に『世界』に発表された「超国家主義の論理と心理」だった。これは終戦直後に支配的だった「軍部が暴走して戦争に突入した」とか「戦争は帝国主義の必然的な結果だった」といった紋切り型の軍国主義批判ではなく、日本が無謀な戦争に突入した心理を天皇制の精神構造から内在的に解明したものだ。

彼は西洋の国家についての理解を、カール・シュミットの「中性国家」という言葉で説明する。それは激しい宗教戦争をへて、個人の価値観には介入せず、形式的な合法性のみに基礎を置く制度となった。これに対して明治以降の日本は、国家を天皇という「現人神」で統合することによって封建的な割拠性を乗り超えようとしたため、統治機構の中に宗教的な性格が残った。

> 従って国家的秩序の形式的性格が自覚されない場合は凡そ国家秩序によって捕捉されない私的領域というものは本来一切存在しないこととなる。我が国では私的なものが端的に私的なものとして承認されたことが未だ嘗てないのである。［中略］「私事」の倫理性が自らの内部に存せずして、国家的なるものとの合一化に存するというこの論理は裏返しにすれば国家的なるものの内部へ、私的利害が無制限に侵入する結果となるのである。(1)

このように国家が内面的な価値観まで支配する結果、国体という無定義語が濫用され、国家の問題が個人の倫理の問題と混同して論じられる。「「国体明徴」は自己批判ではなくして、殆どつねに他を圧倒するための政治的手段の一つであった」。個人の倫理は国体の前には無力であり、「天皇が機関とは何事か」といった言説が広がると、誰もそれを批判できなくなる。

ここでは政治は道徳的なものだという観念が残り、「政治は本質的に非道徳的なものだ」というトーマス・マンのような醒めた認識ができない。このように個人の意識を政治が支配し、個人の行動が政治的な価値で決められる状況では、個人の主体的な意思決定は不可能になり、大勢に順応することしかできなくなる。

ナチスの指導者は今次の戦争について、その起因はともあれ、開戦への決断に関する明白な意識を持っているにちがいない。然るに我が国の場合はこれだけの大戦争を起しながら、我こそ戦争を起したという意識がこれまでの所、どこにも見当らないのである。〔中略〕ずるずると国を挙げて戦争の渦中に突入したというこの驚くべき事態は何を意味するか。(2)

ここでは山本七平と同じ問題が立てられている。丸山がその原因としてあげるのは「各々の寡頭勢力が、被規定意識しか持たぬ個人より成り立っていると同時に、その勢力自体が、究極的権力となりえずして究極的実体への依存の下に、しかも各々それへの近接を主張しつつ併存する」という縦割り構造である。全体を統括する最高指導者であるはずの東條英機は、独裁的だという批判に対して、国会でこう答弁している。

東条《ママ》といふものは一個の草莽の臣である。あなた方と一つも変りはない。たゞ私は総理大臣といふ職責を与へられてゐる。ここで違ふ、これは陛下の御光を受けてはじめて光る。陛下の御光がなかつたら石ころにも等しいものだ。(3)

このように自分の権力を天皇の権威で正当化し、その意思決定を天皇に象徴される全体の意思で決めると考えるシステムでは、東條のような最高指導者といえども大勢に抗することはむずかしい。他方、形式的には最高意思決定を行なう天皇は、その主体的な意思によって政治を左右することを実質的に禁じられており、東條の上奏する決定を許諾することしかできなかった。

近世ヨーロッパの絶対君主は、法を制定する主権者として登場し、史上最初の「自由な人格」となったが、天皇はその個人の意思によって決めるのではなく、万世一系の皇統を承けて皇祖皇宗の遺訓によって統治するので、その権威は伝統的な価値に支えられている。丸山は、天皇を中心に万民が翼賛する事態を「同心円で表現するならば、その中心は点ではなくして実はこれを垂直に貫く一つの縦軸にほかならぬ」と書いている。

無責任の体系

「軍国支配者の精神形態」(一九四九)で丸山は極東軍事裁判の記録を分析し、日本軍の指導者が法廷で責任逃れをする供述を、日本軍の「無責任の体系」だと指摘した。これには疑問があり、丸山はニュルンベルク裁判の記録をほとんど引用していない。裁判で自分の責任を逃れようとするのは当然で、ナチスの指導者も同じだった。

しかしここには、彼の問題意識が鮮明にあらわれている。丸山が取り上げるのは、三国同盟は誰が結ぶと決めたのかという問題である。これについて内大臣だった木戸幸一は「私個人としては、この同盟には反対でありました」と供述し、東條内閣の外相として三国同盟に賛成する演説をした東郷茂徳まで「個人的の感情を公の演説に含ませ得る余地はなかつたわけであります」などと逃げる。

一九四〇年にも外相だった松岡洋右は「歴史は急激に動く世界にあつては必ずしも制御することが出来ない」といい、南京事件の責任を問われた松井石根も「全般の指揮官として、部下の軍司令官、師団長にそれを希望するよりほかに、権限はありません」と供述した。中支方面軍の司令官に決定権がなければ、誰にあるのだろうか。

ここに見られるのは「超国家主義の論理と心理」の中の「戦犯裁判に於て、土屋は青ざめ、古島は泣き、そうしてゲーリングは哄笑する」という有名な一節にも通じる、日本の官僚の精神構造である。それがどこまで日本固有だったかは別として、こうした無責任構造は今日の官庁や企業にもみられる。それは既成事実に追従し、大勢に迎合する機会主義である。

丸山があげているもう一つの特徴が「下克上」である。軍は厳格な上意下達の組織と考えられているが、実は日本軍の命令は必ずしも公式の指揮系統にはよらず、有力な参謀のいうことにはその上官が従う傾向があった。石原莞爾などは関東軍の一参謀にすぎなかったのに勝手に満州事変を起こし、それを軍中央はすぐ追認した。

三月事件や十月事件に至っては、軍の中枢が計画したクーデタだったが関係者は不問に付され、十月事件について永田鉄山軍務局長は「其の動機精神に鑑み且つ国軍の威信等を考慮し行政処分にて済せたるものなり」と答えている。ここに山本七平も指摘した動機の純粋性を重視する日本軍の特徴が出ている（永田は三月事件の首謀者なので、十月事件を容認するのは当然だが）。

こうした下克上の風潮は軍の内部だけではなく、軍には右翼や「大陸浪人」が出入りし、彼らを利用して軍は戦意昂揚の宣伝をした。その急先鋒になったのが新聞で、そのうちこうして燃え広がった排外主義の炎を軍が消せなくなり、逆に世論にあおられて戦争に突入していったのだ。

東京裁判を通じて浮かび上がった日本軍の意思決定の特徴を、丸山は「神輿と役人と無法者」と要約している。最高の神輿は天皇だが、それぞれの組織の中にも神輿がいて、対外的には組織を代表するが対内的な意思決定はしない。軍命は参謀本部や軍令部から出るのだが、それも方面軍や連合艦隊などとの協議の結果を追認することが多いため、あとから作戦失敗の責任者を追及しても誰が決めたのかわからない。

国体という空気

そして明治憲法そのものが、無責任の体系を制度化していた。儒教国家は皇帝の専制権力で支えられているため、法的・契約的な性格が強いが、日本には法治主義がなかったため、明治国家は権威と報恩の関係にもとづく家産官僚制だった。これは天皇が私的な「家」として国家を経営する思想で、臣下は天皇を「輔弼」する役割しかないので責任を負わず、天皇は実質的な意思決定を行なわないので責任を負うことができない無責任の体系が生まれてしまった。

天皇は、幕末にはほとんど実態のない地位になっていたが、尊皇派は幕藩体制の割拠的な性格を克服して「日本」という国家的な統合を体現するために、儒教のイデオロギーを利用し、形骸化していた天皇を皇帝の地位に置いた。伊藤博文は帝国憲法制定の際に、天皇を中心にすえる目的を次のように述べている。

欧州に於ては憲法政治の萌せる事千余年、独り人民の此制度に習熟せるのみならす、又宗教なる者ありて之か機軸を為し、深く人心に浸潤して、人心此に帰一せり。然るに我国に在ては宗教なる者其力微弱にして、一も国家の機軸たるへきものなし。［中略］我国に在て機軸とすへきは、独り皇室あるのみ。(4)

ここでは欧州に比べて日本の弱点は、宗教的な「機軸」がないことだという自覚があり、国家を統一するためには法律や官僚組織だけではなく宗教が必要だということが意識されている。明治以降の「一君万民」型の天皇制は、このように列強の宗教（キリスト教）に相当するものをつくるために明治初期に意識的に設計されたものであり、日本の自然な伝統ではない。

しかし天皇制が国民生活に浸透し、自明の権威になるとともに、「忠孝一致」などの家族主義的な道徳と一体化し、国体という共同体的な規範に変質してゆく。これを丸山は空気にたとえている。

天皇制が正統化され、国民の中に、上から浸透していくに従って、天皇制そのものが政治的対立の彼岸におかれ、非政治的に表象された。したがって、それは、空気のように目に見えない雰囲気として一つの思想的な強制力を持つようになった。［中略］実は国体というものは、その中でしか生きることは許されないのに、本人は強制力としては意識しない。(5)

社会主義のように具体的内容をもつ思想を丸山は「固体」と表現し、それに対して国体のような不定形の思想を「気体」と呼んでいる。それは一貫して実体となることを拒むことであらゆる政治権力より優位に立ち、長い歴史の中で生き残ってきた。その本質はこの精神的優位性にあるので、これを疑う（きわめて少数の）「主義者」が政権をゆるがす存在になったのだ。

しかし国体とは何だろうか。それを定義することは慎重に避けられ、さまざまなイデオロギーを包み込む「無限抱擁」的な性格をもっていた。「それは否定面においては——つまりひとたび反國體として断ぜられた内外の敵に対しては——きわめて明確峻烈な権力体として作用するが、積極面は茫洋とした厚い雲層に幾重にもつつまれ、容易にその核心を露わさない」(6)。

そしてこのように実体のない国体は、それゆえに限りなく大きな呪縛力をもつ。たとえば一九二三年に起こった摂政宮狙撃事件では、内閣が総辞職し、警視総監以下、警視庁の幹部が大量に懲戒免職となり、犯人の父は衆議院議員を辞職して「喪」に服し、郷里の村は正月の祝いをやめ、犯人の卒業した小学校の校長まで職を辞した。こうした処罰は法に定められていたわけではなく、多くの人々が自発的に国体に殉じたのである。

終戦にあたっても、最大の問題は犠牲をいかに最小化するかではなく、国体が護持されるかどうかだった。しかも「彼等にとってそのように決定的な意味をもち、また事実あれほど効果的に国民統合の「原理」として作用して来た実体が究極的に何を意味するかについて、日本帝国の最高首脳部においてもついに一致した見解がえられず、「聖断」によって収拾された」(7)。

ここでは国体という「空気」の実態が、天皇制との関係で政治的に論じられている。それは明治維新のイデオロギーだった尊皇思想の中では、儒教的な「一君万民」の思想として学問的な実体をそなえていたのだが、明治政府によって国民統合のイデオロギーとして利用され、それが大衆化するに従って正体不明の「無責任の体系」になったのだ。その根底には、神道（と呼ばれる固有信仰）にも通じる「無限抱擁」的な日本の伝統がある。

フィクションとしての制度

近代政治の本質が、制度を「作為」ととらえることにあるというのが、丸山の生涯のテーマである。儒教に代表される前近代の政治では、既存の秩序がいかに「自然」なものであるかを強調するのに対して、近代の民主政治では制度を主権者の政治家との契約と考え、それが人為的なものであることを人々は意識している。

これは丸山が死ぬまで語り続けるテーマだが、彼はその起源を中世の唯名論に求めている。昔は近代科学は啓蒙思想がキリスト教神学を否定して出て来たと考えられていたのだが、最近はむしろキリスト教から生まれたと考えることが多い。近代科学の基礎になった実験を初めて行なったのはスコラ哲学者ロジャー・ベーコンだし、加速度の法則を発見したのは普遍論争の主人公ドゥンス・スコトゥスの弟子だった。分析哲学でよく使われる「オッカムの剃刀」（仮説は少ないほうがいい）の元祖は唯名論者オッカムである。

近代の起源を啓蒙思想に求めるかスコラ哲学に求めるかは大きな違いである。前者では科学的な合理主義は「迷信」との闘いから生まれたことになっているが、後者ではプロテスタントと同じキリスト教の分派である。ここから出てくるのは、近代の科学も制度も普遍的真理ではなく、キリスト教神学の世俗化だということだ。

日本の政治は「顔がきく」とか「腹を合わせる」というように、政治的肉体と政治的精神が分離していない、と丸山はいう。つまり個人が伝統的に継承された人間関係を背負っているのだ。

前近代的なペルソナリスムと近代社会の「人間の発見」とはどうちがうのかといえば、前者においで尊重される「人間」とは実は最初から関係をふくんだ人間、その人間の具体的環境ぐるみに考えられた人間なんだ。［中略］地位とか身分とか家柄とか「顔」とか、要するに伝統によって聖化された権威に依存していること――こういうようなことがそうした「人間」主義の具体的表現となる。ここで真実の支配者なのは君主でも領主でも家長でもなく、実は伝統なんだ。(8)

このように伝統を背負った人間関係が論理や政策に優先するため、政治が党派や派閥の駆け引きで決まり、政治的な争点が曖昧になる。そして議会というフィクションを信じられない民衆や青年将校が「血と土」への回帰を求めたのがファシズムだった、というのが丸山の規定である。この「肉体文学から肉体政治まで」という論文が書かれた一九四九年はまだ軍閥の残党がいて、ファシズムの再来を恐れる声も強かった。

そういう危惧は過去のものになったが、丸山が憂慮した日本の「肉体政治」は、当時よりひどくなったかもしれない。当時は曲がりなりにも資本主義と社会主義という理念の対立があったが、今は民主党も自民党も政策は似たり寄ったりで、違いはその手法だけである。

つぎつぎになりゆくいきほひ

こうした天皇制の奇妙な構造の根源をたどるうちに、丸山がたどりついたのが「原型」の概念だった。それは古事記の時代から日本の多くの文献にみられるいくつかの概念で、のちに彼はこれを「古層」と呼ぶようになる。「歴史意識の「古層」」（一九七二）は、この概念を使って日本人の時間意識を過去の文献からたどったものだ。

彼は日本人の歴史意識の「古層」を示す概念として、「なる」と「つぎ」と「いきほひ」という「基底範疇」をあげ、これを合わせて「つぎつぎになりゆくいきほひ」というフレーズにまとめている。その出発点は「凡て世間《ヨノナカ》のありさま、代々時々《ヨヨトキトキ》に、吉善事凶悪事《ヨゴトマガゴト》つぎ〳〵に移《ウツ》りもてゆく理《リ》は［中略］悉《コトゴト》に此神代の始の趣に依るものなり(9)」という本居宣長の言葉にある。

この論文は大きな反響を呼び、それまで西洋を理想として日本の前近代性を批判していた丸山が、一転して「日本主義者」になったとか、東大紛争で変わったとかいわれたが、丸山はこれを一笑に付している。実際には「原型」の概念が最初に出てくるのは一九五九年の講義であり、彼は六〇年安保のころから「日本人とは何か」を問い続けていた。

彼自身も断っているように、これは丸山が基底範疇として設定した三つの概念を古文書の中にさぐることによってそれが基本的であることを示そうという「一種の循環論法」で、反証不可能である。

彼がどのような基準でこの三つの言葉を選んだのかはよくわからないが、そのヒントを彼は「文化接触」についての研究から得たと語っている。

こうした諸範疇はどの時代でも歴史的思考の主旋律をなしてはいなかった。むしろ支配的な主旋律として前面に出て来たのは、〔中略〕儒・仏・老荘など大陸渡来の概念であり、また維新以降は西欧世界からの輸入思想であった。ただ、右のような基底範疇は、こうして「つぎつぎ」と摂取された諸観念に微妙な修飾をあたえ、ときには、ほとんどわれわれの意識をこえて、旋律全体のひびきを「日本的」に変容させてしまう。(10)

この概念は後年には彼の好きなバロック音楽にたとえて、「執拗低音」と呼ばれるが、このように古来から変わらない独特の価値観を形成した原因は、日本が海で適度に大陸から隔てられていたためだろう。

朝鮮のように中国に近すぎると属国になり、ポリネシアのように離れすぎると文化的に孤立する。日本は世界最先端の中国文化を輸入できるぐらい近く、軍事的に占領されないぐらい遠い絶妙の距離にあったため、歴史上一度も海外からの侵略を受けず、国内的にも平和だった。こうした地政学的要因が日本人の時間意識の形成にとって決定的に重要だった、と丸山は述べている。

丸山によれば、世界の創造神話は「つくる」と「うむ」と「なる」の三種類に分類できるという。ユダヤ教の創世記は典型的な「つくる」神話で、唯一神がある目的をもって世界を創造したと考える。

ここでは世界は、それを創造する主体（神）と客体（自然）にわかれ、歴史は神の目的に従って進行し、その結末もあらかじめ決まっている。

それに対して、「うむ」と「なる」では主体と客体は連続しているが、「うむ」の場合は世界を創造する主体がいるという点で「つくる」と共通している。したがって「つくる」と「なる」の中間に「うむ」が位置する。

日本神話は「うむ」を含むが、全体としては「なる」の系列で、主体と客体は明確にわかれておらず、目的意識もはっきりしない。古事記で最初に登場するのは「タカミムスヒノカミ」で、このムスは苔むすの「むす」つまり生えるという意味で、ヒは霊力の意味である。イザナギ・イザナミによる国生みは「うむ」系列だが、「なりなりなり余れる処」と「なりなりてなり合はざる処」との性交の結果として描かれ、「なる」歴史観に近い。

さらに特徴的なのは、「いきほひ」という言葉に「徳」という漢字が当てられることだ。これは日本書紀にも見られ、「雄略紀」では雄略天皇を「大悪天皇」と呼ぶ一方で「有徳天皇」とも呼んでいる。この場合の「徳」は善悪を表わすのではなく、「いきほひ」があることを示している。「ここでは「徳」があるから「いきほひ」があるのではなくて、逆に「いきほひ」があるものに対する讃辞が「徳」なのである」[11]。

日本古来の価値観には儒教の「天理」のような究極的な倫理基準がなく、そのとき「いきほひ」のある者が権力をとることが正当化されている。丸山はこういう歴史観を、生命をモデルにした「生成のオプティミズム」と呼んでいるが、これは万古不易の価値はないのだから長いものに巻かれればよいのだ、という機会主義である。

日本人の歴史意識に特徴的なのは、目的や価値の欠如である。歴史は楽園からの堕落でも輝かしい未来への道程でもなく、淡々とつぎつぎになりゆくものだから、復古主義にも進歩史観にもなじみにくい、と丸山はいう。

> 十八世紀の古典的な進歩の観念《イデ・ド・プログレ》は、いわば世俗化された摂理史観であって、その発展段階論は、ある未来の理想社会を目標として、それから逆算されるという性格を多少とも帯びている。［中略］ところが「つぎつぎになりゆくいきほひ」の歴史的オプティミズムはどこまでも（生成増殖の）線型《リニアー》な継起であって、ここにはおよそ究極目標などというものはない。まさにそれゆえに、この古層は、進歩とではなくて生物学をモデルとした無限の適応過程としての――しかも個体の目的意識的行動の産物でない――進化（evolution）の表象とは、奇妙にも相性があうことになる。(12)

西洋の歴史観の根底にあるのは、神の定めた摂理によって世界が動くというキリスト教の時間感覚であり、ここでは人々は神の国における救済という目的をもち、現在の行動はその目的を達成する手段として認識されている。それに対して、こういう絶対的な価値基準をもたない「古層」においては、行動に目的はなく、そのとき有力な価値基準に従って歴史は動いてゆくのである。

永遠の今と「世間」

阿部謹也は、「古層」論文に彼の研究してきた「世間」の概念との関連を見出している。彼は丸山のような文献だけに頼る歴史学を批判し、民俗的な資料から人々の生活を再現する「社会史」の日本における先駆者だが、無原則につぎつぎになりゆく日本人の時間意識には目的も進歩もなく「永遠の今」があるだけだ、という丸山の総括は、阿部の研究結果とも一致する。

歴史（histoire）がもともと「物語」という意味だったことからもわかるように、西洋の時間意識は天地創造の日から最後の審判の日まで直線的に流れる物語だが、日本人にはこういう意味での歴史意識はない。柳田国男も指摘したように、農民の時間は四季が移り変わるように円環を描いて流れる「今」の繰り返しである。阿部は、日本人の生活の単位は無時間的な「世間」にあるという。

> 「世間」を「うつせみ」や「むなしいもの」「無常」と見るような見方は古代から中世を経て近代に至るまで共通しており、人々の基本的な社会観を規定しているものでした。［中略］「世間」の中では、人間が時間を制御するものだという意識は本来なく、人間の運命はすでにあらかじめ定まっていると考えられていたようです。(13)

丸山が引用した前述の本居宣長の言葉にも「凡て世間のありさま」という言葉が出てくる。世間というのは万葉集にもあらわれる伝統的な概念であり、日本人の社会意識の中核にあるのが、このように主体も歴史もない集団である。

世間は日本社会の公共性だが、その特徴は無時間性と互酬性である。そこで贈与や返礼の対象になるのは特定の地位にいる個人であり、その肩書きを失うと互酬性も失われる。それは特定の「場」を共有する人々だけの長期的関係なので、閉鎖的でなければ互酬性は維持できないのだ。

事件の謝罪で「世間を騒がせた」という言葉がよく使われるように、世間にとっては「無事」であることがもっとも望ましく、紛争で「騒がせる」ことがもっとも罪深い。ここには日本人の伝統的な平和主義がよくあらわれている。

このように丸山との共通点を見出したあと、阿部は「古層」の概念が宿命論的にみえるとして批判しているが、これは誤解である。丸山は、自分の理論が宿命論ではないと繰り返し強調している。彼は日本の「無責任の体系」の根底にあるのがこのような伝統的な機会主義であることを古代にさかのぼって論証し、それを自覚することで乗り超えようとしたのである。

キヨキココロの倫理

丸山は、このような日本人の歴史意識の根底にある価値観を「共同体的功利主義」と呼ぶ。これは「ベンサムが主張したような個人の快楽・苦痛の計算を前提とするutilitarianismではない。個人を基礎とする功利主義は、普遍的に妥当する快苦の基準に立脚する点で普遍主義（universalism）であるが、共同体的功利主義の基準は、その共同体にとっての福祉・災厄であり、特別主義（particularism）である」[14]。

個人の行動の善悪も、共同体を基準にして決められる。この場合、唯一神の命令のような普遍的な倫理規範がないので、価値の基準は心情の純粋性である。これを丸山は「キヨキココロ」の倫理と呼んでいる。

古事記で、イザナギはスサノヲに海の統治を命じるが、スサノヲは亡母（イザナミ）のいる根の堅州国に行きたいといって泣きわめくので、追放される。そこでスサノヲは、アマテラスに事情を話そうと高天原に行くが、アマテラスは彼に「必ず善き心ならじ。我が国を奪はむと欲ふにこそあれ」というと、スサノヲは「僕《あ》は邪《きたな》き心無し」と答える。

ここでヨキココロとキタナキココロの基準になっているのは、高天原を奪うという共同体の脅威にならず、亡き母を思うという動機の純粋性である。「真理、正義に対して美的価値が優位に立つ」のが、日本的価値観の特徴である。このため一貫した論理が欠けている代わりに、「形」への強いこだわりがある。

善悪も絶対的な対立ではなく、「けがれ」を清めることによって相対化される。外来の宗教や知識を吸収するときも、その形は忠実に守るが、内容は「日本的」に換骨奪胎してしまう。心情が純粋かどうかは一般的な基準だが、その前提となる規範が個々の共同体に依存する特殊主義なので、抽象的な観念に昇華されない、と丸山は指摘している。

呪術の世界にはそれぞれのsituation（場）に、それぞれの精霊が内在している。かまどの神とか、へっついの神とか、厠の神とかいう表象をみよ。だから、特定の場に特定の祭儀が対応することとなり、祭儀自体が多様性をもつ。いいかえれば、「聖なるもの」が多様であって、場に応じて使い分けられることになる。これは神々が一定の序列を構成して一つの秩序（パンテオン）をなしているという意味での多神教とも異る。[15]

このように状況に応じていろいろな価値を使い分ける機会主義的な思考様式が、「いきほひ」のある者を徳のある者とみなし、そのときの「空気」を読んで行動する原因ともなっている。そこでは全体を統一する一貫性が求められず、むしろ融通無碍に環境に適応する「世渡りのうまさ」が高く評価される。

これは「なりゆき」を重視する歴史意識と関連している。西洋的な（キリスト教の）倫理意識では、時間は最後の審判という目的に向かって流れるが、日本ではそういう未来の目的がないため、現在のキヨキココロかキタナキココロかで価値が決まる。このように結果を問わないで動機を重視する規範は、世界的にみても珍しい。

キリスト教には神の目的があり、人々の運命は神によって決められている。儒教では普遍的な規範があり、行動はその結果によって判断されるので、「直情径行は夷狄の道なり」とされ、目的合理的に行動することが求められる。これに対して日本では共同体を超えた規範がないため、特定の集団への忠誠心が倫理基準になり、結果は問われない。

「まつりごと」の構造

「歴史意識の「古層」」は「政治意識の「古層」」と「倫理意識の「古層」」と合わせて、三部作になる予定だった。そのうち倫理意識はまとまった論文にはならなかったが、政治意識については英文で論文を書き、同じ趣旨の講演を日本語でも行なった。それが一九八五年に発表された「政事の構造」という論文である[16]。ここでは「執拗低音」という比喩で日本人の古来からの政治意識を語っている。

そのキーワードは「まつりごと」である。これに「政」あるいは「政事」という漢字を当てるため、古代の日本では祭政一致だったという俗説があるが、日本では祭祀と政治は古代から明確に分離されていた。本居宣長は「まつる」の意味は祭りではなく、「奉る」ことだと指摘した。「其祭祀《マツリ》の事に因《ヨリ》て云ふ称にはあらず、臣連等の天皇に奉仕《ツカヘマツ》る方に就《ツキ》て云称なり」[17]。

ここで重要なのは、まつりごとを行なう主語は天皇ではなく、臣・連などの臣下だということだ。丸山は基本的にはこの宣長の説を踏襲しながら、「まつる」の原義は奉仕ではなく献上（たてまつる）ではないかという。記紀では「まつる」の主語は天皇の派遣したヤマトタケルやオホビコノミコトなどの皇子であり、彼らは天皇に職務を委任されて天皇に奉仕する。

天皇は、これに対して政事を「しらす」とか「きこしめす」という言葉が使われる。これは「知る」とか「聞く」という言葉に近く、臣下の行なう政治を承認するという受動的な態度であり、皇帝が権力を独占して国家を支配する中国の政治とは違う。また法によって政府が統治する government とも違う。

ここでは「まつられる」だけで実質的な政治を行なわない天皇と、それをまつり上げて意思決定を行なう実務者が分化し、正統性の源泉と意思決定する主体の異なる二重統治がみられる。逆にいうと「まつり上げる」構造は、この二重統治を支えるためのルールと考えることもできる。

同様の構造は、古くは魏志倭人伝の伝える卑弥呼にもみられ、律令制度のもとでも摂政・関白などの「令外の官」が実質的な権力者となった。その摂政・関白の権限もさらに側近にゆだねられ、「家司」などの官僚が実務的な権限を握るようになる……といった責任と意思決定が一致しない構造がさまざまなレベルに見られる、と丸山はいう。

律令制の変質過程において注目されることが幾つかあります。なによりもまず、先ほど申しました正統性のレヴェルとデシジョン・メイキングのレヴェルとの分離というパターンが、律令制が崩れていった後においてもそのまま保持されるだけでなく、ちょうど結晶体をいくら細かくくだいても同じ形をしているように、幾重にも細分化されて反覆出現するということです[18]。

武士が実権を握ってからも、天皇に委任された征夷大将軍という形式をとった。その実務はさらに執権や老中などに委任され……というように相似形のフラクタルな構造ができる。しかもこのように実質的な権限が下部に委任されても、形式的な正統性の根拠は動かない。

逆にいうと、形式的な中心を固定したまま実質的な中心を移す構造によって、古代の律令制から武士の軍事政権へという大きな変化を激しい戦争や内乱なしに実現できたとも見ることができる。このように権力が移動することを室町以降、「下克上」と呼んだが、日本の政治は下克上の連続だったともいえる。

天皇制というデモクラシー

リクルート事件で竹下登首相が辞任し、その後任の宇野宗佑首相が女性問題で辞任したあと、混乱状態の自民党で総裁にかつがれたのが海部俊樹だった。弱小派閥でほとんど党内的な力は無に等しい彼を選んだとき、当時の小沢一郎幹事長が言ったと伝えられるのが「みこしは軽くてパーがいい」という名言である。

この「みこし構造」は彼が新生党の代表幹事になって細川護熙首相をかついだときも、その後の羽田孜首相のときも続き、最近では日本未来の党の嘉田由紀子をかついだのも同じだ。このように形式的な権威と実質的な権力をわける統治構造は、天皇制からずっと続いているが、大きな変化を進めるのには向いていない。ボトムアップの「民主的」な構造は、権力を分散して責任を曖昧にするので、有事には機能しないのだ。

政治の世界でも「軽いみこし」をかついで問題が起きたら首をすげかえる構造が続いてきた。これが日本の首相が毎年のように替わる原因だが、逆にいうと首相がこれほど替わっても実質的な権力は安定しているということだ。このような権威と権力の分業体制を丸山は「日本型デモクラシー」と呼んでいる。

権力性は権威性・神聖性によって緩和され、あるいはボカされて、むき出しにならず、権威性＝神聖性は、権力性にチェックされて、神輿的存在となる。このパターンが被支配層に拡大する程度に応じて、支配形象自体が弱まって、行政職＝臣と民が連続し、多頭型は政治体系の全構成員

の複合「翼賛」型に近づく。日本型デモクラシー＝君民共治、「全体的参与」の表象がこうして生まれる。(19)

このように権威と権力を分離する構造は、政治の統一性を保持しつつ変化する状況に対応するという二律背反に対する巧みな対応だった。同様の構造は私的な集団にもみられ、丸山のあげている例でいえば、本願寺の法主と執事、財閥の三井家と番頭、そして現代の日本企業でいえば株主と経営者の関係がその典型だろう。そこでは株主は形式的には最高権力をもっているにもかかわらず、実質的な意思決定は役員会で行なわれ、従業員共同体を守ることが最高の使命とされる。

なぜこのような特殊な構造が続いてきたのかについては丸山は何も語っていないが、これは平和でなければ生まれないシステムで、また平和を維持するシステムだった。日常的に戦争の起こっている国では、このように意思決定を現場にまかせてボトムアップで戦争していては滅ぼされてしまう。

他方、このように分権化されたシステムでは、中国で想定されたような易姓革命は不可能である。統治機構全体がアメーバのような中枢のない構造になっているので、どこを抑えても全体を征服できない。形式上の権威である天皇を殺しても権力はとれないし、逆に天皇がいる限り武力をもっている権力者を倒しても正式の最高権力になることができない。このため歴史上の日本の最高権力者は、天皇の象徴的な権威を生かしたまま、彼に任命されるという形で摂政・関白や将軍という二重権力を築いた。

西洋のデモクラシーと比べると、日本型の特色は法を媒介にしないことである。摂政・関白も将軍も律令に書かれていない「令外の官」であり、意思決定も非公式の群臣会議などで決まった。そこで行なわれる意思決定は非公式の口約束で、文書化されない。メンバーはずっと同じなので、あらためて文字にする必要がないのだ。

天皇は皇位継承者の決定や、開戦の可否等の重大決定は、大臣・大連の群臣会議に諮問し、その奏上の結果にしたがうのが通例であった。しかし、これは de facto〔事実上〕に諮問したのであって、西欧の貴族王制のように、貴族と王との黙示的＝明示的契約によって、貴族の consent〔同意〕が王の行政権の法的要件であり、貴族が王の決定に veto〔拒否権〕の権利をもつ制度とは精神を異にしている。(20)

西欧では戦争が日常化しており、国王と貴族の関係は流動的だったので、約束を法律の形で書く必要があった。デモクラシーは国家権力を法的に制限する法の支配を支える制度なので、立法を行なう議会が統治機構の中心になった。しかし天皇に権力のない日本では法の支配は必要ないので、国会には立法機能がなく、政治家の仕事はタコツボ的な官僚機構の調整である。

それを理解している自民党は立法機能を官僚に丸投げしたが、理解していない民主党は「政治主導」を掲げて政官の関係を壊してしまったので、官庁の利害の一致しない問題を政治が決められなくなった。

全員一致とアンチコモンズ

日本型デモクラシーのもう一つの特徴は、多数決ではなく全員一致で決めることだ。これは自民党の総務会や税制調査会など、あらゆる政治的決定にもみられる特徴である。それは全員が長期的関係で結びついていることによる必然的な特徴である。

一般に相対の契約では、途中まで契約を実行してから相手に契約の変更を迫る「ホールドアップ問題」が起こりやすい。これを避ける方法として、資本家に資本の所有権を与えて労働者に命令できるようにすることが資本主義のメカニズムである。[21] しかしこういう法的なメカニズムは司法機関が整備されていないと実現できないので、多くの社会では非公式のメカニズムによってホールドアップを防いできた。

その一つが「村八分」のしくみである。稲作のように緊密な共同作業が必要なときは、すべての個人が自発的に協力することが必要で、そのためには全員が作業を承諾しなければならない。中には作業をいやがる人もいるだろうが、彼が掟を破ると村から追放する。追放されると餓死するリスクが大きいときは、まわりの支配的な「空気」に合わせないと村で生活できなくなる。

したがって人々が共同作業に協力するように誘導するには、村を出ると失う「特殊投資」を大きくして外部オプションをみずから制約することが望ましいので、長期的関係でホールドアップを防ぐには共同所有権がもっとも効率的になる。[22]

これは伝統的社会の贈与のしくみと基本的に同じである。共同体から抜けると自分が大きな損をする状態を作り出してコミットメントを表現することがポトラッチなどの合理的説明だが、全員一致の意思決定も、ここまで来たら自分だけが反対するとみんなに迷惑がかかるという「空気」への同調圧力を強めるメカニズムである。

同じ効果は、特殊な規格に双方をロックインすることでも得られる。一方が抜けるとすべてが失われるからだ。親会社と下請けが「ガラパゴス」的な規格を共有する状態や、各官庁の法案がスパゲティ状にからんで関連法案への他の官庁の同意がないと国会に出せない状態は、補完的な資産を独立に所有して人々を協調させるメカニズムである(23)。

しかし共同所有権による同調圧力が有効なのは、特定の人々が長期的関係で結びついている部族社会だけである。霞が関のような「閉じた社会」はこの条件を満たしているが、「大きな社会」では外部オプションが大きいので、結果を考えないで反対する者が出てくると全員が拒否権をもつ「アンチコモンズ」状態になり、何も決まらなくなる(24)。

ボトムアップの意思決定

経済学では、依頼人(プリンシパル)と代理人(エージェント)の利害が対立する問題を「エージェンシー問題」と呼ぶ。たとえばプリンシパルを株主とすると、彼にとっては自分のもっている株の価値が上がることが目的だが、経営者(エージェント)は会社の規模を拡大して自分の報酬を上げることが目的だとする。

両者の目的は違うが、企業が順調に業績を伸ばしているときは売り上げと利益が増えれば株価も上がり、経営者の報酬も上がる。しかし企業の成長が頭打ちになってきたときは、両者の利害が対立するエージェンシー問題が起こる。

株主は不採算事業を打ち切って収益の高い部門だけを残してほしいが、経営者は自分の経営する事業部門が切られることに抵抗するので、役員会は紛糾する。労働者も雇用を守りたいので、経営者に味方する。このとき株主は毎日の経営を見ているわけではないので、経営者は自分だけが内部情報を知っている情報の非対称性を利用して、資本を浪費して雇用を守る。これがモラルハザード（エージェンシー問題の一つ）である。

欧米では、こうしたモラルハザードを防いで労働者をいかに働かせるかが最大の問題だが、日本の企業でこういう問題はほとんど聞かない。それは労働者が会社に囲い込まれ、同僚との濃密な情報共有でモラルハザードを防いでいるからだ。

しかし株主と経営者の関係では、日本の株主資本利益率はアメリカの半分ぐらいなので、資本を浪費するエージェンシー問題が発生していると推定される。特に株式の持ち合いによって経営者どうしがカルテルを組み、資本の浪費を続けているため、資本収益率が上がらず、株価の低迷が続いている。

日本では株主よりも従業員共同体の利益を守ることが重要で、買収防衛策も多くの企業で導入されているため、企業買収がほとんど起こらない。対外的な買収はたくさんあるが、対内買収はＧＤＰ（国内総生産）の二〜三％と異常な低水準が続いている。日本では経営者が実質的なプリンシパルになり、株主が資本を提供するだけのエージェントになっているのだ。これを私は「逆エージェンシー問題」と呼んでいる。

本来のエージェンシー問題では、図3の左のように決定者（プリンシパル）と実行者（エージェント）

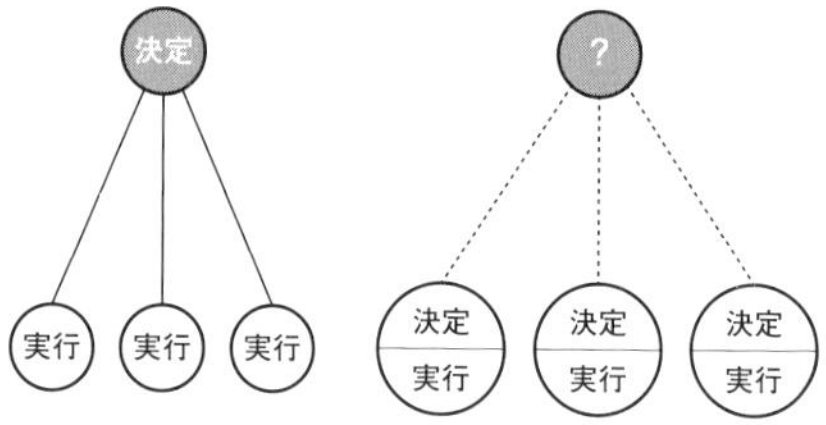

図3　逆エージェンシー問題

がわかれているが、日本の組織では右のように現場で決定と実行が行なわれ、全体を統括する決定者がいない。形式的にはいるが、現場から上がってきた決定を追認するだけの「みこし」になっている。

これを図2（四九頁）の水利構造と比較されたい。形式上の最高位にある用水組合が決定権をもたず、最下位の村の利害調整の積み重ねによって意思決定が行なわれるしくみは、日本型デモクラシーとよく似ている。また実際の政治的意思決定においても天皇から委任された将軍がすべて決定することはできないから、意思決定はさらに下のレベルに委譲され、用水組合と似た枝わかれ構造になっている。

これはおそらく偶然ではないだろう。武士はもともと農村から出て来たのだから、農村の水利構造に遍在するボトムアップの秩序を身につけていたと考えられる。そういう武士の「暗黙知」の中の農民的デモクラシーが、古代から伝承されてきた天皇制と調和することによって、世界にもまれにみる安定した分権的秩序が長期にわたって維持されたのではないだろうか。

天皇制に代表される日本型デモクラシーは、決定が現場に近いので小さな変化に柔軟に対応できる反面、現場を削減するような大きな意思決定ができない。どちらも一長一短だが、タコツボ組織は今のような大きな変化の必要な時期には向いていない。

「古層」とポストモダン

木田元は、ハイデガーの読解の中で丸山の「古層」に注目し、日本古来の「なる」の自然観は、西洋の伝統的な「つくる」の自然観と異なり、ハイデガーが克服しようとしていた形而上学の限界を超えるものかもしれないと論じている。

ハイデガーは自然を人間から切り離され技術的に操作する対象とみるプラトン以来の自然観を批判し、自然と人間を一体のものと考えたソフィストを再評価した。それは西洋の形而上学と対決するハイデガーにとっては新しい考え方だが、西洋以外ではそれが普通であり、むしろギリシャ哲学やユダヤ教の「つくる」世界観が特殊だ、と木田はいう。

> プラトンが生成しなければ消滅もしない〈イデア〉という超自然的な原理を設定してから後は、「自然」はそうした原理にのっとって形成されるたんなる材料・質料であり、たんなる物質に過ぎないという考え方が成立したわけです。しかし、ハイデガーはそうした自然観には、ごく初期から反対していました。(25)

木田によれば、ニーチェが「プラトニズム」を批判したのは、このような自然をイデアに従属させる世界観を克服し、「生きた自然という古い自然概念を復権させて、自然をたんなる制作の材料と見る西洋文化の限界を打ち破ろうとした」のだという。ハイデガーも同じ発想で「つくる」自然観を批判した。これは丸山と逆のベクトルだが、両者の見ていたものは共通しているのかもしれない。

ドゥルーズ＝ガタリについても、宇野邦一が同様の指摘をしている。彼らが『千のプラトー』の中心概念としたリゾーム（根茎）は、ツリー状の論理に対して中心も構造もなく自生的に増殖する組織であり、「「つぎつぎになりゆくいきほひ」は、やっかいなことに一見してリゾーム的なのだ」[26]。ドゥルーズ＝ガタリが「戦争機械」のヒントを得たピエール・クラストルも、南米の首長は何よりも「平和をもたらす者」であり、その権力は被統治者に強く制約されていると論じている[27]。ハイデガーやドゥルーズ＝ガタリなどのポストモダンと丸山の取り出す古代日本のイメージがよく似ているのは偶然ではない。木田も指摘するように、それは西洋以外の社会ではごく普通の自然観であり、西洋が特殊なのである。この点で丸山の見出した「古層」は、全人類に通底する部分を含んでいる。丸山自身も、それは意識していた。彼は「古層」論文をこう結んでいる。

「神は死んだ」とニーチェがくちばしってから一世紀たって、そこでの様相はどうやら右のような日本の情景にますます似て来ているように見える。もしかすると、われわれの歴史意識を特徴づける「変化の持続」は、その側面においても、現代日本を世界の最先進国に位置づける要因になっているかもしれない。このパラドックスを世界史における「理性の狡智」のもう一つの現われとみるべきか、それとも、それは急速に終幕に向かっているコメディなのか[28]。

丸山は、ある座談会でこの論文についてのエピソードを紹介している。彼の友人だった森有正が、この論文のむすびの部分を読んで「非常に驚き、落胆した」というので、一九七三年にパリで彼に会ったとき、その理由を聞くと、「お前も当節流行のハーマン・カーンのような「日本は世界でもっとも進歩的な国だ」とか「西欧より先端を行っている」という類の日本礼賛論になったのか」といわれたという。

むすびの最初の部分を読むと、たしかに当時はやりはじめていた「日本的経営バンザイ」みたいな話に通じるものがある。日本人は近代化してないといわれてきたが、その「集団主義」が企業のパワーになり、モダンを超えるポストモダンを実現した「一周遅れのトップランナー」になったのだ――とも読める。

しかし最後の文で、丸山は「それは急速に終幕に向かっているコメディなのか」という。彼は森に「あそこはぼくとしてはむろん皮肉をこめて言ったつもりだし、第一あの「むすびに代えて」の全文を削除しましょうかと、ゲラのとき、編集担当の人に言ったくらいで、あの論文の骨子でもなんでもない」といったという。(29)

近代化なき成長の終わり

丸山のような自由主義は、日本では一度も主流にならなかったが、日本にも自由主義がなかったわけではない。戦前に政府の中枢にいた西園寺公望や松岡洋右や吉田茂などは、軍部の専横をきらい、自由を守ろうとする英米派の「重臣リベラリズム」だった。しかし彼らは結局、軍部の力が大きくなるとそれに抵抗できず、松岡のように「新体制」に鞍替えしてしまう。

丸山は「重臣リベラルについては、事実この目で見ていて、しょうがないなと思った。現実にただ流されていく。しょうがないな、しょうがないなとブツブツ言いながら流されていく、そのだらしなさに対する焦燥感が根底にありました」と述べている。(30)

彼は重臣リベラリズムが戦争を阻止できなかったことを反省して、戦後は大衆に根づいた「自発的結社」としての労働組合がデモクラシーを支える主体になると期待したが、それが間違いだったことを反省して、こう述懐している。

高度成長をぜんぜん予言していない。それはぼくだけじゃないけれども。［中略］そもそも高度成長を見越してないんですから、これは最も誤った点です。こんなに豊かになるとは思いもよらなかった。ぼくが政治学を廃業したのにはいろんな原因があるけどね（笑）。(31)

ここで「政治学を廃業した」というのは学問をやめたという意味ではなく、六〇年安保のときのように現実の政治に発言するのをやめたということである。日本のような貧しい国では、少ない富を分かち合う労働組合が民主主義の中核になると丸山は考えたのだが、貧困が高度成長で解決され、すべてを豊かさが解決したようにみえた。自発的結社なしには機能しないはずの資本主義が、「古層」の影響を残す自民党政権と村落共同体型の企業によって実現したことは、彼にとって最大の謎だった。

かつては「封建遺制」といわれた日本的経営が「長期的視野」によるすぐれた経営とされ、「集団主義」として批判された日本人の行動が「統制のとれたチームワーク」として賞賛を浴びるようになった。丸山が近代化の必要条件と考えていた個の自立は忘れられたようにみえる。晩年の彼は、政治・

『「空気」の構造』について	(8282)

■その他小社出版物についてのご意見・ご感想もお書きください。

■あなたのコメントを広告やホームページ等で紹介してもよろしいですか？
1. はい（お名前は掲載しません。紹介させていただいた方には粗品を進呈します）　2. いいえ

ご住所	〒　　　　電話（　　　　）		
（ふりがな） お名前	（　　歳） 1. 男　2. 女		
ご職業または学校名		お求めの書店名	

■この本を何でお知りになりましたか？
1. 新聞広告（朝日・毎日・読売・日経・他〈　　　　〉）
2. 雑誌広告（雑誌名　　　　）
3. 書評（新聞または雑誌名　　　　）　4. 《白水社の本棚》を見て
5. 店頭で見て　6. 白水社のホームページを見て　7. その他（　　　　）

■お買い求めの動機は？
1. 著者・翻訳者に関心があるので　2. タイトルに引かれて　3. 帯の文章を読んで
4. 広告を見て　5. 装丁が良かったので　6. その他（　　　　）

■出版案内ご入用の方はご希望のものに印をおつけください。
1. 白水社ブックカタログ　2. 新書カタログ　3. 辞典・語学書カタログ
4. パブリッシャーズ・レビュー《白水社の本棚》（新刊案内／1・4・7・10月刊）

※ご記入いただいた個人情報は、ご希望のあった目録などの送付、また今後の本作りの参考にさせていただく以外の目的で使用することはありません。なお書店を指定して書籍を注文された場合は、お名前・ご住所・お電話番号をご指定書店に連絡させていただきます。

経済についてまったく語らなくなる。

しかし丸山の謎は、新たな形でわれわれに突きつけられている。かつて彼が理想として追い求めた個人の自立は、非正社員の増加による会社という共同体の崩壊として実現しつつある。それを「無縁社会」などと呼んで古きよき共同体の再現をめざす人々もいるが、いったん壊れたコミュニティを政治が作り出すことはできない。

根本的な問題は、経済がグローバル化して競争が激化し、その変化を会社というタコツボ共同体で吸収できなくなったことだ。こういう状況で無理に雇用を守ろうとすると、会社が市場で淘汰されてしまう。競争に対応するには古い組織を個人単位の市民社会に分解して柔軟に動けるようにするしかなく、そういう変化が全世界で起こっている。

このように中間集団の求心力が失われて社会が「私」に分解する「後期近代」の現象は欧米でも起こっているが、日本ではそれに抗して従業員の共同体を守ろうとする企業が労働者をロックインし、経済の活力を失わせている。主体性や自発的結社なしの「近道」を通って近代化をなしとげたようにみえる日本が、いま直面している限界は、やはり丸山が正しかったことを示唆しているのかもしれない。

日本人の肖像——南方熊楠

私は昔、南方熊楠（一八六七〜一九四一）の番組をつくったことがある。その取材で和歌山県田辺市の自宅に何度も行ったが、土蔵に所蔵された漢文から博物学に至る膨大な蔵書にはびっしりと書き込みがあり、それだけで普通の人ではないことがわかった。子供のころ大蔵経を通読し、四書五経を暗記したとか一九ヶ国語を操ったという伝説は、どこまで本当かはわからないが、飛び抜けた頭脳だったことは間違いない。

南方はロンドンに留学して一流の業績を上げ、大学のポストを提供されたが、帰国して実家に閉じこもって一生を過ごした。しかし彼が再評価されるようになったのは一九九〇年代からで、それまでは『十二支考』などの民俗学で、柳田国男や折口信夫などと並んで知られていた程度である。これは南方にとっては余技で、彼の本業は粘菌の研究だった。南方は毎日、熊野の山に分け入って新しい種をさがし、生涯に一七八の新種を発見し、イギリスの専門誌“Nature”に五〇本の論文を発表した（これはいまだに日本人の最高記録）。

なぜ南方が粘菌のようなマイナーな生物に興味をもったのかはよくわからないが、粘菌は最近になって「自己組織系」として注目されるようになった。これは普段はバラバラのバクテリアのような変形体として生活しているが、生長すると光を求めて集まって一つの生物になり、最終的にはカビのような形をした子実体になる。これは複雑な生物の生まれる進化の過程をたどっているようにも見えるが、そのメカニズムはいまだによくわかっていない。

ただ南方がこうした粘菌のメカニズムを研究した形跡はなく、彼はひたすら多くの新種を見つけることに情熱を燃やした。たまたま粘菌の研究者だった昭和天皇が田辺に行幸して南方が進講したことで、彼は一躍注目されたが、学界では彼は単なるコレクターと評価されている。生物学が博物学的な分類学から大きく飛躍したのは、一九五〇年代にＤＮＡの構造がわかってからだが、南方はその前段階の研究者と位置づけられている。

ただ「博物学的な知」というのも最近の流行で、いわゆる複雑系の研究においては、生物をメカニカルにとらえるのではなく、その多様性や複雑性をありのままに理解する方法論として、博物学が注目されている。彼はニュートン力学をモデルとして自然を要素に還元するメカニカルな自然観を否定し、その劣化コピーにすぎない日本のアカデミズムも拒否した。それが学界から絶縁した原因だった。

南方は、現代の言葉でいえばエコロジストの元祖ともいえる。彼は神社合祀令に反対し、鎮守の森を守る運動に立ち上がり、田辺湾の神島の自然保護にも力を尽くし、日本に「エコロギー」という言葉を使った最初の日本人だった。

御承知ごとく、殖産用に栽培せる森林と異り、千百年来斧斤を入れざりし神林は、諸草木相互の関係はなはだ密接錯雑致し、近ごろはエコロギーと申し、この相互の関係を研究する特種専門の学問さえ出で来たりおることに御座候[32]。

彼が神社合祀令に反対したのは、単に珍しい植物を保存するためではなく、人々が森と共生するシステムとしてのエコロジーを神社合祀が破壊するからだった。これは彼の民俗学的研究とも関連しており、「神道」と呼ばれる日本の土着信仰は、人間と自然の間に境界を設けず、自然の中にタマと呼ばれる霊魂を見出した。これを「アニミズム」などと呼んで原始的な信仰のように考えるのはキリスト教中心主義の偏見で、むしろ人類の圧倒的多数はこうした自然と一体化した環境で生きてきたのだ。

このような彼のエコロジーは、環境を「保護」するために原発に反対し、温室効果ガスを規制しようとする現代の自称エコロジストとは異なる「ディープ・エコロジー」である。彼のエコロジーは、自然を人工的に保護するのではなく、ありのままの自然を守るために文明生活を捨てるもので、それを彼は身をもって実践した。彼が何をめざしていたのかはいまだによくわからないが、彼を本当に理解できるのはこれからなのかもしれない。

第四章 武士のエートス

日本人の伝統的な精神を「武士道」に求める人がよくいるが、これは新渡戸稲造がつくった概念であり、西洋人にわかりやすく日本の武士を美化して描いたもので、歴史的な根拠はほとんどない。武士道の古典として有名な『葉隠』は、当時は禁書でほとんど読まれなかった。武士が生きていた時代には武士道が語られることはほとんどなく、江戸時代に武士の規範とされたのは儒学だった。

しかし儒学とは別に、日本で生まれた武士のエートスがあった。山本七平はこれを「日本的革命の哲学」とし、丸山眞男は「古層」を超える個人主義として高く評価した。二人はイデオロギー的には対極にあり、互いにほとんど参照していないが、(1) 武士についての評価は驚くほど似ている。それは彼らが共通に苛酷な戦争体験をしたことと無関係ではないだろう。歴史をつくったのが戦争だったことを彼らは認識していたのである。

日本のコモンロー

古代社会の人間関係は狭い血縁集団の中に限られていたが、武士はその枠を超えて活動する戦闘集団だった。その御恩と奉公という関係は、ヨーロッパの封建領主と騎士のような双務的な契約ではないが、個人と個人の自発的な結合だった。そういう武装集団の規範が簡素なルールとしてまとめられたのが、鎌倉時代(一二三二年)にできた貞永式目だった。

山本が「平和的な体制移行の知恵」として賞賛した貞永式目を、丸山も「古層」を内発的に克服して生まれたコモンロー（慣習法）として高く評価した。武士は中国の士大夫のように皇帝に仕えて既存の秩序を維持する静的な「読書人」ではなく、戦闘者として戦うダイナミックで実務的な性格をもつので、貞永式目には律令制度のような複雑な条文はなく、最小限度の規定だけだった、と丸山はいう。

貞永式目だけでなく、封建法一般において謀叛罪の規定が簡素で、多くを具体的状況判断にゆだねているのは、［中略］もともと武士的結合の本質が、主人と従者との間の、どこまでも具体的＝感覚的な関係にあり、忠誠も反逆も、そうした直接的な人格関係を離れて「抽象的」制度ないしは国家に対するものとしては考えられなかったからである[2]。

しかしそこには、日本的な限界があった。ローカルな価値を超えた絶対的な信念の体系をもたない日本では、主従の関係は普遍的な法として体系化されず、それぞれの「家」の中の属人的な関係を出ることがなかった。その規範は戦時の緊張によってのみ支えられるもので、平和が続くと主君べったりになり、形式的な官僚主義に堕してしまう。

マグナ・カルタ（一二一五年）とほぼ同時にできた世界最初のコモンローともいえる貞永式目は、イギリスのように普遍的な国内法にならず、各大名はそれぞれの家訓にもとづいて領地を治め、徳川幕府の定めた武家諸法度も徳川家の支配地域だけのローカルな法律だった。それに対する反逆の契機になるのは、武装集団の合理的な規範としての「道理」なのだが、それはついに大きな力をもちえなかった、と丸山はいう。

封建的主従関係の原初的な性格は、武士の「文治的」家産官僚への転化にもかかわらず最後まで保持されて、［中略］そのエートスの「合理化」を制約した。その意味で、わが国における「封建的忠誠」といわれるものの基本的なパターンは、非合理的な主従のちぎりに基づく団結と、「義を以って合する」君臣関係と、この二つの必ずしも一致しない系譜が［中略］化合したところに形成されたものである。(3)

「古層」の中から出て来てそれを打破するエネルギーをもっていた武士のエートスも、江戸時代以降は各大名の私的な主従関係に回収され、徳川幕府が戦国時代の内乱を収拾して三百の藩を固定すると、タコツボを超えることはできなかった。日本の歴史上、ほとんど唯一の内発的な「革命」といえる明治維新でさえ、「天皇への忠誠」という擬制によって初めて可能だった。

そして下級武士の不満を動力とした明治維新の反逆のエネルギーは、武士の没落によって失われてしまう。敗戦という外発的な「革命」で実現した民主主義には、もともとそれを持続するエネルギーが欠けており、それをになう階層が最初からいない。武士の規範を支えたのは「常在戦場」の緊張感だったが、それが失われると「道理」はローカルな「忠誠」に埋没してしまうのだ。

徳川の平和

日本人の「古層」は共同体的な特殊主義にもとづく「閉じた社会」だが、武士の時代にはその秩序がゆらぐ兆しもあった。それはかつて中国の春秋戦国時代の五百年以上に及ぶ戦乱のあとに秦の始皇帝が全国を統一し、ヨーロッパ中世の三百年以上にわたる戦争のあとに主権国家が成立したのと、途中までは似ていたが、日本では統一国家はできず、江戸時代の長い平和が続く。

もちろん平和はいいことなのだが、日本の平和は中国ともヨーロッパとも違う。何百年も続く戦争でローカルな共同体が完全に破壊されると、人々が自由に移動して集団を形成する「開かれた社会」ができる。ここでは不特定多数の人々がランダムに出会うので、何らかのルールなしには秩序が保てない。

丸山が閉じた社会と開かれた社会という対概念を使ったのは、ベルグソンやポパーに従ったものだが、マルクスの分類でいえば共同体と市民社会、ハイエクの言葉でいえば部族社会と「大きな社会」にほぼ対応する。もちろん歴史上の社会をこういう荒っぽい二分法で截然と分類することはできないが、問題を明瞭にするための作業仮説としては意味があろう。

この閉じた社会が開かれた社会に移行する契機が「開国」である、と丸山はいう。日本には歴史上三回、開国のチャンスがあった。第一は室町末期から戦国にかけて、第二は幕末維新、第三は敗戦後である。このように海外の文明が一挙に流入する経験は、ヨーロッパにも中国にもないもので、それが日本社会を大きくゆるがした。

戦国時代は日本が開かれた社会に移行するチャンスだったが、最終的には閉じた社会に引き戻す徳川幕府の力が勝った。それはヨーロッパの絶対王政のように封建領主の支配を否定して直接統治するのではなく、徳川幕府は「最大の領主」として全国の四分の一を統治するだけだった。各藩には独立の軍隊や法律があって徴税も独自に行なっており、藩を超える移動はできないので、むしろヨーロッパの主権国家に近い、と丸山は指摘している。

徳川幕藩体制は室町から戦国にかけてのダイナミックな歴史過程から生じた領主分国制を、いわばスタティックに凍結したところに成立したものである。〔中略〕徳川氏の圧倒的な優越の物質的基礎は結局、「天領」の圧倒的優越性という量的相違の問題であり、政治的にも経済的にも、幕府が自己の全国的勢力を「主権」にまで抽象化すること――そこにまさに近世絶対主義の歴史的方向がある――は、徳川氏の拠って立つ基盤の否定なくしては不可能であった。(4)

徳川幕府の地位は不安定だったので、幕府は徹底的な相互監視システムをつくり、農民を土地に縛りつけ、貨幣経済を制限して米で徴税し、鎖国によって海外との交流を断ち切ることによって二百六十年以上の長期にわたる平和を実現した。それを支えた江戸時代の「文治主義」が成功した要因を、丸山は次の五つに分類している。(5)

一、兵農分離にもとづき、支配身分としての武士を他の三民から隔離した

二、武士を細分化された階層的構成をもつ家産官僚行政職にまで馴致した

三、武士内部の身分的ヒエラルヒーを社会生活の典型として全社会に拡充した
四、階層化されたさまざまの特殊社会を各々の「場」に釘付けした
五、それらの特殊社会のよって立ついかなる価値も絶対価値とならないようにチェック・アンド・バランスを作用させた

このような徳川幕府の統治原理を、丸山は「集中排除の精神」と呼んだ。そこでは軍事力が全国三百の藩に分散され、権力が武士に集中する一方で富は商人に集中したため、幕府に反抗する勢力が富を蓄えて革命を起こすことがむずかしい。中国では高級官僚は科挙で公正に選抜されたが、士大夫はその一族を扶養する義務があるので、彼の属する宗族（数万人）から多くの者が出入り業者になり、徹底的に官僚機構を食い物にした。これに対して日本では、そういう大規模な腐敗はほとんど見られなかった。

幕府の中でも、特定の家臣が権力をもたないように老中は月番制で、譜代大名から出るが石高は小さかった。他方、与力・同心などの現業は地位は低いが禄は高く、こうした職務も月番制で複数が互いにチェックしていた。福沢諭吉は、こうした江戸幕府のシステムを「名誉価値」と「権力価値」と「富価値」を分散する巧妙なシステムとして評価した。

このように日本型デモクラシーが制度的に固定された江戸時代には、世界史にも類を見ない長期にわたる平和が実現した。経済的には停滞したが、同時代のヨーロッパでは大規模な宗教戦争で何百万人が死んだことを考えると、「徳川の平和」は誇ってよい歴史かもしれない。

幕末に来日したイギリスの外交官アーネスト・サトウは幕藩体制を「ここでは政治的停滞が安定ととりちがえられている」と評したが、丸山はこう付け加えている。

これをとりちがえというならば、実は少くも初期には意識的なとりちがえなのである。幕藩体制の安定度は、このとりちがえが社会的に定着し通念化する程度に比例し、その崩壊はまさに下克上をふくむダイナミックな戦国状態の凍結というパラドックス、戦闘者による文治主義という矛盾が社会的にも思想的にも露呈してゆく程度に比例した。(6)

最高権力者を棚上げしてその暴力を制限する一方、それに反抗する人々を分断して現状を維持する江戸時代に完成した日本型デモクラシーは、世界にも比類ない成功を収めた。人々にとって身の安全ほど大事なものはないので、経済的停滞は平和維持のコストとしてはそう高くなかっただろう。

自然から作為へ

古代から共同体を超える普遍的な価値をもたなかった日本は、中国から輸入した文化も日本的に換骨奪胎した。仏教も国家に保護された特権階級の飾りで、民衆的な広がりをもたなかったが、鎌倉仏教は民衆に信者を広げた。丸山は特に浄土真宗を日本でも個人ベースの信仰のみにもとづく結社を生み出した点で高く評価し、一向一揆を西洋の農民戦争のような民衆反乱と考えたが、これは武士との戦いに敗れて挫折した。初期のキリシタンにもそういう普遍主義があったが、これは江戸時代に弾圧されて消滅した。

近代以前にそういう普遍主義を知的に追究した最大の試みが、江戸時代の儒学だった。中国から輸入された朱子学は、儒教を観念的に体系化したもので、キリスト教のスコラ哲学のようなものだった。その最大の特徴は「天人相関」あるいは「天人合一」といわれる考え方である。キリスト教では神の国と地上の秩序が区別されるが、儒教では「天」すなわち自然の延長として「人」の社会秩序が論じられる。

朱子学はこの思想を精密に展開し、「天理」の体系として自然と社会の秩序を理論的に体系化した。そこでは天地の運動は陰陽二元と木火土金水の五行で説明され、社会秩序もこうした自然法則の延長として説明される。「理」が陰陽五行を通じて万物を生み出し、これに「気」が形を与える。理は万物の普遍性を示し、気はその個別性を示す。ここでは天地の運行と社会秩序は連続しているので、君主が世界の秩序を維持する。

しかし君主が天命に反する場合は「易姓革命」が正当化される。これは西洋のように既存の体制を転覆するものではなく、天理に反する暴君を除いて「正統」に戻すことであり、臣下の貴族や諸侯を主体とする宮廷クーデタだった。

このように朱子学は中国の皇帝に仕え、既存の政治的秩序を正当化する哲学だったが、日本に輸入されると微妙な問題を引き起こした。政治の正統性が「天理」によるものだとすると、天皇に指名された代理人にすぎない幕府の正統性があやしくなるからだ。それが天理に反する支配者だとすれば、革命によって転覆することも正当化される。

林羅山はこうした朱子学の秩序観を日本的に修正した。そこでは理よりも気が強調され、しかも気の同義語として「心」が使われた。こうした用法は現代まで継承され、「気を使う」とか「気が大きくなる」などというが、こういう意味は本来の「気」にはない。それは「空気」とか「大気」のように宇宙を満たす実体であり、個人の主観に依存するものではないのだ。

こうした主観主義は、荻生徂徠に至って儒教からも逸脱する。徳川幕府の秩序が崩れ始めた元禄時代に、彼は国家を自然の秩序として絶対化する朱子学を否定し、制度は「聖人」によってつくられた人為的なものだと主張した。彼の提言そのものは貨幣経済を否定し、武士を領地に住まわせ、人口移動を制限して身分制度を厳格化する復古的なものだったが、ここでは国家秩序の維持という目的が明確に意識され、その目的を達成するために幕府は（絶対君主のように）自由に制度を変えることができるとする。

丸山は徂徠を「日本のホッブズ」として高く評価した。徂徠はゲマインシャフトの「有機体的思惟」である朱子学を否定し、機能的なゲゼルシャフトの論理を提示したというのが、丸山の初期の代表作である『日本政治思想史研究』のテーマだ。ここでは国家を「自然」の秩序とする朱子学が伊藤仁斎や荻生徂徠によって解体され、本居宣長に至る弁証法的な発展段階として江戸時代の思想史が描かれ、近代社会の本質を「作為」による自発的結社に求める丸山の思想が展開されている。

徂徠学や国学は西洋の近代合理主義とは違い、幕府の支配体制を擁護して貨幣経済を拒否する非合理主義である。それは近代を科学が迷信を駆逐する啓蒙の結果とみる通念からみると奇妙だが、西洋でも近代科学はそういう直線的な過程で生まれたわけではない、と丸山は書く。

近代的合理主義は多かれ少かれ自然科学を地盤とした経験論と相互制約の関係に立ってゐるが、認識志向が専ら経験的＝感覚的なものに向ふ前には、形而上学的なものへの志向が一応絶たれねばならず、その過程においては、理性的認識の可能とされる範囲が著しく縮小されて、非合理的なものがむしろ優位するのである。(7)

こうした朱子学の解体過程に丸山が対応させるのは、前述のようにドゥンス・スコトゥスやオッカムなどの中世哲学である。ここでは普遍＝神が不可知の存在として棚上げされ、神の秩序は自然の中に求められる。神はカトリック教会から切り離され、個人が信仰によって神に直接従うとした宗教改革が近代の出発点だった。モダニティの起源を啓蒙思想ではなくスコラ哲学に求める考え方は、最近の科学史の知見とも一致する。(8)

しかしこうした日本的儒学は、近代科学を生み出すことはできなかった。それはスコラ哲学が護教論だったように、どこまでも国家権力を正当化する思想だったが、徳川幕府は中国の皇帝のような「聖人」にはなりえない。

スコラ哲学とのアナロジーでいえば、幕府はカトリック教会のような代理人であり、本来の絶対者としての天皇が天だとすれば、「天理」に反する幕府を倒して侵略の脅威から日本を守る儒教的な「革命」が正当化される、というのが尊王攘夷の論理だった。すべての秩序は人為的に変えることができるとした徂徠から吉田松陰までは、ほんの一歩である。

こう整理すると、わかりにくい（ほとんどの人が読んだこともない）江戸時代の思想が、オッカムからホッブズやルソーに至る西洋の思想史とパラレルに見えてくる。最近の文献学では、丸山の解釈は「近代主義」の図式を江戸時代に読み込んだ牽強付会なものとされ、彼ものちに「発展段階」的な読み方を撤回しているが、この図式は単純なだけに彼の発想を鮮やかに示している。

「原型」を超える思想として丸山が共感したのは、西洋近世の絶対主義に通じる主権者の「作為」によってすべての制度は変えられるという徂徠の思想であり、これが国学や水戸学を通じて吉田松陰などに受け継がれ、天皇の正統性を回復する運動としての尊王攘夷の支柱になったのである。それは啓蒙思想や民主主義とは違うが、幕藩体制を「自然」なものと考えないという点で、改革の出発点となったのだ。この意味で、明治維新は「儒教革命」ともいうべきものだった。

尊王攘夷の起源

このように人々を呪縛する共同体の「空気」を超える普遍的な理念が多くの人々を動かし、政権を転覆したのが明治維新だった。それを可能にしたのは何かというテーマを扱ったのが山本七平の『現人神の創作者たち』（一九八三）である。これは彼がみずから主著と呼び、「私はこれを書くために二十年間、沈黙していた」と述べた力作である。

そこで彼が追究したのは、日本軍の狂気をもたらした「現人神」信仰はどこから来たのかという問題だった。一見すると、この答は簡単である。天皇を神として奉る思想は幕末の尊王攘夷派の創作したもので、その元祖は吉田松陰だろう。

ところが『現人神』には、松陰はまったく出てこない。代わりに「創作者」と名指しされるのは、今はほとんど知られていない浅見絅斎の『靖献遺言』という本である。これは明治政府によって抹殺されたが、勤王の志士の必読書であり、幕末のベストセラーだった。

江戸時代に輸入された朱子学は、幕府の御用学問だった。それは既存の秩序を正当化するイデオロギーであり、従来の土着信仰のようなアニミズムではなく、論理的な教典をもつ規範だった。幕府が戦国時代を「凍結」した状態を維持して全国を統治するためには、ローカルな民俗信仰を超える普遍的な権威が必要だった。武士は戦闘集団なので、その秩序を正当化する教義はない。そこで中国の皇帝権力を正当化する体系である朱子学を輸入したのである。

しかし輸入された朱子学は、日本的に変容し始める。林羅山のころまでは朱子学を日本語に翻訳するだけだったが、山崎闇斎の時代になると独自の「闇斎学派」を形成して、朱子学を日本に応用するようになる。闇斎学派では、学派の正統な後継者をめぐる派閥抗争が続き、絅斎や佐藤直方など主要な弟子はすべて破門され、闇斎学派は解体してしまう。

その派閥抗争の中で、彼らが論じたのは「徳川幕府に正統性はあるのか」という問題だった。本来の朱子学では、中国の皇帝以外はすべて夷狄なので日本の国家に正統性はないが、闇斎は日本でも正統的な国家権力はあるとした。そうしないと、徳川幕府の正統性が失われるからだ。

むしろ中国の皇帝に正統性があるという朱子学の教義に矛盾がある、と闇斎は論じた。「出来た王朝は正統性をもち、これに対する叛逆は許されざることという。だがそういうなら、その王朝を建てた者はみな反逆者ではないか」。

朱子学のように権力を簒奪した王朝に正統性がないというなら、秦以外のすべての王朝は先王の権力を簒奪して樹立されたのだから、朱子学の論理でいえば「逆臣」であり、彼らの建てた王朝に正統性はない。したがって徳川幕府に武力で反乱を企てる者もまた逆臣である――これは幕藩体制を護持する上では都合のいい教義だった。

この論理をさらに徹底すると、日本でも天皇の権力を簒奪して成立した武家政権には正統性がない、という結論が出てくる。闇斎もそういう結論に達していたが、それが危険思想であることを知っていたので、その含意を明言しなかった。

しかし絅斎はその論理を徹底的に追求した。「絅斎の大きな特徴は、闇斎が論理的につめた朱子学の正統論を一歩進めて、幕府を「簒臣」と規定したことであり、明治維新への第一歩はこのとき、すなわち彼が『靖献遺言』を刊行した元禄元年(一六八八年)にはじまったといってよい」と山本はいう。

『靖献遺言』は八人の知識人の評伝である。その共通点は、正統の王朝に忠義を尽くして敵対者を徹底的に批判したことだ。特に方孝孺のエピソードは印象的である。彼は明の建文帝の側近として重用されたが、永楽帝よる政変で捕らえられた。しかし彼は高名な儒学者だったので、永楽帝は方孝孺を助命する代わりに、彼に即位の詔勅を書くように命じた。

これは彼の即位を簒奪とみている人々の支持を集めるためだったが、方孝孺は永楽帝に正統性がないとして起草を拒否した。永楽帝はこれに怒り、方孝孺の一族八四七人を殺して起草を迫ったが、彼は拒否したため、最後は彼を七日間、磔刑にして刀で身体をえぐり取り、死に至らしめた。浅見絅斎は方孝孺の「義」のために一族も犠牲にする態度をたたえ、みずからも武装蜂起の準備をしていたが、実現しなかった。

天皇こそ前の王権を倒して武力で奪い取った権力ではなく、万世一系の皇統を受け継いできた世界で唯一の正統性をもつ政権であり、その代理人でありながら天皇の権力を実質的に奪っている徳川幕府は許されない、という絅斎の議論は国学に継承されて平田篤胤の国粋主義になり、水戸学に継承されて「徳川幕府は非合法である」という南朝史観が生まれた。

このような日本人には珍しい絶対的な普遍主義が政治思想に転化したのが尊王攘夷である。これは伝統的な日本型デモクラシーとは違い、実質的な権力を簒奪した幕府を排除して天皇が名実ともに統治者となるべきだ、という中国型の政治思想である。日本史の中でも、このような思想が影響力をもったのは南北朝ぐらいであり、それが政権を倒す力になったのは明治維新だけだった。

この「現人神」の革命思想は、維新が実現すると封印されたが、その後も影響を与え続けた。神格化された天皇の求心力を明治政府は国家建設に利用したが、彼らを「君側の奸」とみなす皇道派青年将校が先鋭化して超国家主義となり、その暴走は止まらなくなった。このとき青年将校を煽動した北一輝が利用したのも、天皇の正統性だった。

そして山本も丸山も共通に指摘するのが、七〇年代にまだ強かった極左との共通点だ。マルクス主義には朱子学にも似た論理体系の美しさがあり、多くの知識人がそれに殉じた。闇斎学派の内部抗争より陰惨な内ゲバが繰り返され、左翼は自壊していった。普遍主義を掲げたはずの党派がタコツボ的な派閥抗争にはまり込み、互いに殺し合う光景は、日本の政治が永遠に成熟できないことを示しているのかもしれない。

開国のインパクト

徳川幕府は戦国時代の武士のエートスを凍結することで二百六十年間の平和を維持したが、その秩序が開国によって動揺すると下克上のダイナミズムが解凍され、動き始める。幕府はこのような身分制度の動揺が幕藩体制の崩壊をもたらすことを危惧して尊皇派を弾圧したが、長い平和の中で文官化していた武士が本来の武官の行動をとりはじめると、それが藩の境を超えることは必然だった。

軍事衝突も起こっていないのに、日本のように短期間に排外主義が対外開放に変わったのは珍しい。清は西洋諸国を「夷狄」と見下して真剣に対応しなかったため、侵略されて没落した。これに対して日本の天皇は中国の皇帝のような絶対的権力をもっていないため、相手のほうが強いと見れば妥協し、「富国強兵」のためには西洋の技術を導入する使い分けが容易だった。

西洋文明の本質的な影響を受けないで、その技術だけを取り入れることができたのは、このような機会主義のおかげである。それが可能だったのは、日本人の「古層」の安定性が強かったためだ。伝統的な規範が弱いと、西洋の技術と一緒に入ってくるキリスト教などの文化に影響されて社会秩序が動揺し、それを排斥する運動が起こるが、日本ではそういう混乱がほとんどなかった。日本は新しい技術や文化を急速に取り入れる一方、その基盤となる「古層」はほとんど変わらない二層構造で、明治以降の激しい変化に見事に対応してきたのである。

開国は日本という国を海外に向かって開くというより、「無数の閉じた社会の障壁をとりはらったところに生まれたダイナミックな諸要素をまさに天皇制国家という一つの閉じた社会の集合的なエネルギーに切りかえて行った[9]」というのが、丸山の基本的な視点である。幕藩体制の平和を実現したのは、村落共同体の自律性を強めて相互間の交流を断ち、武士階級との対立を固定化したタコツボ化だが、これは生産性の低下をまねき、その被害者である下級武士の反乱を誘発した。

このバラバラの社会を一つに束ねるには、天皇という象徴的な求心力とともに、外からの脅威が必要だった。といっても、現実に戦争が起こったのは薩英戦争と下関戦争だけで、黒船は条約の締結を要求しただけだった。この程度の「外圧」で政権が転覆したのは、一つには幕藩体制の制度疲労がひどかったことと、もう一つは明治維新が一種の宮廷クーデタだったことだろう。

明治維新に関与したのは一般の民衆ではなく、人口の一割にも満たない武士の一部だけだった。当時の民衆は黒船来航という事実もほとんど知らなかったし、それが何を意味するかも理解していなかった。状況を理解したのは、長い平和の中で勉強しかすることのなかった武士だけだったのだ。

討幕運動も、もとは武士の中の主導権争いにすぎず、ローカル政権だった徳川家の支配が薩長に変わっただけだったが、武士を閉じ込めていたタコツボが崩壊すると、戦国時代の終わりに凍結された武士のエートスが動き始め、身分制度も動揺し始める。丸山はある藩主の文章を引用して「国際的コミュニケーションが、ただちに国内における凍結された戦国状態の解氷をもたらす」と書いている[10]。

もとは西洋の技術だけを取り入れて「富国強兵」をはかろうという目的で行なわれた開国は、日本社会のタコツボを破壊して全面的な西洋化をもたらした。それでも日本が西洋文明の本質的な影響を受けないでその文化だけを取り入れることができたのは、「古層」の安定性が強かったためだろう。

惑溺と自尊

丸山は福沢諭吉の思想をこうした「前近代」の思想との連続性の中でとらえ、「古層」を乗り超えた数少ない日本人として紹介している。徂徠のいうように社会秩序が人為的なものだとすれば、明治維新はその主体を江戸幕府から明治政府に変えた。それを変えたのは朱子学のような神秘的な「天理」ではなく、民衆の力である。

> 支那日本等に於ては君臣の倫を以て人の天性と称し、人に君臣の倫あるはなお夫婦親子の倫あるが如く、君臣の分は人の生前に先ず定たるもののやうに思込み、孔子の如きもこの惑溺を脱すること能わず。(11)

儒教では君臣の関係が自然によって決められた秩序だとしており、孔子もこうした惑溺を脱することができなかった、と福沢は論じている。この惑溺という言葉は福沢を理解するキーワードだが、一般にはあまり理解されていない。西周はこれを superstition の訳語として使ったので、単なる「封建的な因習」といったものと理解されることが多いが、福沢はもっと複雑な意味をもたせている。

現在の社会秩序がアプリオリに正しいと信じ、それを自己目的化することを惑溺と呼んでいるのだ。さらに重要なのは「物ありて然る後に倫あるなり、倫ありて然る後に物を生ずるにあらず」(『文明論之概略』)という指摘である。これは山本七平の「日本的思考は常に「可能か・不可能か」の探究と「是か・非か」という議論とが、区別できなくなる」という指摘に通じる。

福沢が儒教を否定したのは、このように社会秩序が自然法則として絶対化され、倫理的に正しいことが物理的にも正しいとしているからだ。福沢が「実学」を主張したのも、単に実用的な学問を大事にするということではない。実用的な知識を尊重し、空理空論を排するのは儒教（朱子学）の特徴である。しかしそこでは、知識の根底にあるのは「天理」すなわち現在の秩序であり、それを守るために学問が動員される。

近代の科学技術は物理を倫理から切り離し、両者が一致しない場合は後者を棄却する実験の方法を採用した。福沢が学問のモデルとしたニュートン物理学では、世界がこうあるべきという倫理とは無関係に、どうであるかという事実だけが問題になる。丸山はこの点を次のように指摘している。

> 近代的な「窮理」を中世的なそれから分つものはまさにこの実験である。［中略］そこに近代科学の驚くべき成果が咲き出でたのである。福沢が物理学を学問の「範型」としたということは、つまりこの実験的精神を学問的方法の中核に据えたことにほかならない。(12)

福沢が慶應義塾のモットーとした「実学」はこうした惑溺を否定する実証主義である。それは道徳的に正しいかどうかから事実をみるのではなく、実験や調査によって実証された事実から出発して考える態度だ。福沢もこうした方法論は「甚だ殺風景なもの」というが、それは日本が独立するためには必要だと考えていた。

彼の信条とした「独立自尊」の前提も「一身独立して一国独立す」というように日本の国家として

の独立と一体であり、そのためには彼が「敵」と考えていた西洋の知識を取り入れて国力を高める必要があったのだ。

こうした福沢の態度の背景には、中津藩の下級武士の子に生まれ、幕藩秩序のもとでは一生埋もれて過ごしたはずの彼の旧秩序に対する反抗があった、と丸山は解説している。「門閥制度は親の仇」とする福沢は、徹底的な個人主義者だった。『学問のすゝめ』の有名な冒頭の部分は、実はこう続いている。

天は人の上に人を造らず人の下に人を造らずと言えり。〔中略〕されども今広くこの人間世界を見渡すに、かしこき人あり、おろかなる人あり、貧しきもあり、富めるもあり、貴人もあり、下人もありて、その有様雲と泥との相違あるに似たるは何ぞや。その次第甚だ明らかなり。実語教に、人学ばざれば智なし、智なき者は愚人なりとあり。されば賢人と愚人との別は、学ぶと学ばざるとに由って出来るものなり。(13)

つまり「世の中には上下の隔てがないようにみえるが、現実には賢い人も愚かな人もいる。それは勉強したかどうかで決まるのだ」という能力主義を述べているのだ（冒頭の部分はアメリカ独立宣言の引用である）。この意味で坂本多加雄もいうように、彼は日本最初のリバタリアンといえよう。(14)

福沢は日本人の枠を超えたスーパー近代人だが、彼の自由主義は西洋から輸入したものではなく、門閥制度を憎む彼自身の情熱だった。その意味では、徳川の長い平和の中でも残っていた戦闘集団としての武士のエートスが、日本の近代化の一つの原動力だった。

しかし福沢は「突然変異」ともいうべき存在で、その弟子には彼の志を継承する人物は現われなかった。彼の「独立自尊」は社会全体には広がらず、明治維新の実現した「開かれた社会」は藩閥政府と軍部の支配する「閉じた社会」に回収されてゆく。

安倍晋三首相には、いつも祖父、岸信介（一八九六〜一九八七）の影がつきまとう。安倍のいう「戦後レジームからの脱却」も、占領軍に押しつけられた憲法を改正しようという岸の路線への回帰だと思われるが、ここにはパラドックスがある。戦後レジームをつくったのは、他ならぬ岸だからである。

岸のキャリアを決定的に決めたのは、満州国である。彼は一九三六年に、国務院実業部総務司長として満州国に赴任し、東條英機や松岡洋右などとともに、国家統制のもとに重化学工業を中心とするコンツェルンをつくって工業化を進めた。このときの計画経済的な手法の成功体験が、のちの国家総動員法にも生かされる。

岸が思想的にもっとも強い影響を受けたのは、北一輝の国家社会主義であり、「私有財産制には疑問を持っていた」とみずから語っている。彼の建設した満州国の「五族協和」の思想も、大川周明の大アジア主義の影響であり、これが大東亜共栄圏の思想的骨格となった。要するに、岸の本来の思想は、自由経済や親米路線という自民党の党是とは対極にあったのだ。

岸は東條内閣の閣僚として国家総動員体制を指導し、これによって戦後、A級戦犯容疑者となったが、不思議なことに起訴されなかった。この原因には諸説あるが、ＧＨＱの諜報部門（Ｇ２）がマッカーサー元帥に「岸釈放勧告」を提出したことが確認されており、釈放と引き換えに岸から情報提供を受けるという取引があったとも推定される。だとすれば、日本はアメリカへの「情報提供者」を首相にしたことになる。少なくとも岸がアメリカに屈服したことによって、日本は「自主憲法」を放棄して対米追従に転換したのである。

岸を頂点とする満鉄人脈は、戦後の経済安定本部の中核となった。戦後復興でとられた「傾斜生産方式」は、戦前と同じ総動員体制によって工業化を行なう統制経済の手法であり、これが戦後の経済体制の骨格となった。このとき経団連の会長として民間企業をまとめる役割を果たした植村甲午郎も、商工省で岸の腹心だった。戦後復興が終わった後も、この手法は通産省の産業政策に受け継がれた。

岸は「Ａ級戦犯」とされ、安保条約の「強行採決」は強い批判を浴びたが、日米を双務的にする新安保条約は不平等条約の改正であり、丸山眞男のような知識人までアンポハンタイのデモの先頭に立ち、もっぱら強行採決という手続き論だけを問題にしていた。しかし改正の期限が迫っているのに、採決しないと条約が切れてしまう。採決を行なうのは当たり前で、おかしいのはそれを実力行使で阻止しようとした当時の全学連主流派である。

岸の最大の問題は、彼がＣＩＡから巨額の資金を提供されていたことだ。それが日本を共産主義から守った功績はあるにせよ、外国のスパイが首相になるというのは恐るべきことだ。ＣＩＡが岸に渡した資金は百万ドル以上といわれ、これは現在の価値でいうと三十億円以上である。[15] 彼の実弟の佐藤栄作も数十万ドルの資金を受け取ったとされ、これはアメリカ政府も公式に認めている。

岸のつくった戦後レジームは、戦前の満州国から連続しており、それは日本の官僚機構の基本構造でもある。安倍が戦後レジームを否定するとき、念頭にあるのは、サッチャーやレーガンが英米の「福祉国家」を否定して「小さな政府」に舵を切った歴史だと思われるが、日本の戦後を支配してきたのはケインズ的な福祉国家ではなく、岸に代表される国家社会主義なのである。

第五章
日本軍の「失敗の本質」

福島第一原発事故の処理を見て多くの人が感じたのは、命がけで原発を安定させる現場の作業員の勇敢さに対して、支離滅裂な意思決定を行なう政府や東電経営陣のお粗末さだろう。特に事故の直後に首相官邸に出向いた東電の清水正孝社長が官邸に「全員撤退」とも受け取れるような発言をし、それに対して菅首相が東電本店に乗り込んでどなり上げる状況は、日本政府に危機管理が不在であることを示すものだった。

こうした「失敗組織」の典型としていつもあげられるのが、日本軍である。太平洋戦争の作戦の失敗を分析した『失敗の本質』(一九八四)は、発刊から三十年近くたってベストセラーになり、アマゾンでは二〇一二年の政治部門の第二位だった。出版社によると、急に売れ始めたのは震災のあとで、私の書評がきっかけだという。日本軍の失敗は、戦後七十年近くたっても日本のサラリーマンにとって他人事ではないのだろう。

目的なき組織

『失敗の本質』では、ノモンハン事件から沖縄戦に至る六つの作戦を分析し、そこに共通する失敗を明らかにして、その背景にある日本軍の組織的な欠陥を論じているが、その特徴は今も日本の企業に受け継がれている。そこであげられているのは、次のような特徴である。

・曖昧な戦略目的
・短期決戦の戦略志向
・主観的で「帰納的」な戦略策定――空気の支配
・人的ネットワーク偏重の組織構造
・プロセスや動機を重視した評価

こうした特徴には、共通の原因がある。それは目的の欠如である。戦争は互いに多くの人命を消耗するので、何を達成したらやめるのか、あるいは何を失ったら降伏するのかを決めないと莫大な犠牲が出るが、日本軍には目的がなかった。有名なのは、太平洋戦争で宣戦布告したとき、どうなれば日本が勝つのか決まっていなかったことだ。「緒戦で大勝利を収めれば、敵は戦意を失って降伏してくるだろう」という曖昧な願望によって、物量で圧倒的にまさる米軍に挑んだのだ。

目的がないから、ミッドウェー海戦では矛盾する戦略目的を実行しようとしてどっちも失敗した。長期的な作戦がないから、ガダルカナル島では短期決戦をめざして場当たり的な戦力の逐次投入を行なって全滅した。作戦も全体戦略がなく、声の大きい将校が強硬な作戦を主張すると誰も反論できないので、なし崩しにインパール作戦のような無謀な作戦が決まる。

このように目的がないのは、前にも述べたように「古層」の特徴である。キリスト教に代表される未来志向の歴史意識では、最後の審判による救済という目的からさかのぼって現在の意思決定を行なうが、日本人の時間意識は過去との連続性を重視するので目的がなく、今まで決めてきた「なりゆき」やその場の「勢い」で決まる。

これは自然な行動様式である。人類は何十万年も同じ生活を繰り返してきたので、大きな変化がない限り今までと同じ意思決定を行ない、他の人々と同じように行動する。それでうまく行かない大きな変化が起きたときは、試行錯誤で新しい行動を決める。こうした「帰納的」な行動は、霊長類でも広く見られる。

日本軍の行動は、一部は遺伝的に受け継がれた日本人の伝統的な行動様式なのだ。全体戦略を決める強いリーダーがいなくて「現場」の意向と人間関係で意思決定が行なわれる属人的な組織も、農村共同体と同じである。普遍的な目的がないから「死に花を咲かせるのが男子の本懐だ」といった動機の美しさで作戦が決まる。

曖昧な戦略

「戦術の失敗は戦闘で補うことはできず、戦略の失敗は戦術で補うことはできない」という『失敗の本質』の言葉が、日本軍の失敗を端的に指摘している。日本軍はいつも、その場のなりゆきで次々に戦線を拡大して、取り返しのつかない失敗を繰り返した。

一九三九年にノモンハンで関東軍と旧ソ連軍が戦って日本軍が惨敗したとき、ソ連軍指揮官のジューコフ将軍は、日本軍について「下士官兵は優秀、下級将校は普通、上級幹部は愚劣」と評し、これが日本軍についての評価の定番となった。

ノモンハン事件という名称は、正式の宣戦布告なしに関東軍が独断で開始したためで、双方の戦死者はそれぞれ二万人を超える「戦争」だった。近代戦の装備をしていたソ連軍の戦車に対し、日本軍は火炎瓶の肉弾攻撃で対抗し、武器が尽きても退却しないで自決した。『失敗の本質』も指摘するように、このように相手の戦力を調査しないで「大和魂があれば何とかなる」という主観主義が、日本軍の特徴だった。

明確な目標がないため、今ある兵力で行けるところまで行く場当たり的な作戦がとられ、参謀だった辻政信のような積極論がつねに慎重論を押し切る。全体の戦略がないため戦力を集中できず、戦力の逐次投入が行なわれて失敗する。形勢が悪くなっても撤退せず「玉砕」するため、敗戦の教訓が受け継がれず、同じ失敗を繰り返す。

このような日本軍の特徴は、実は日清・日露戦争のころから同じだったが、当時は相手の戦力が劣っていたため、幸運にも勝ってしまった。ノモンハンのときは対等に近い装備だったにもかかわらず大損害を出したのに、これを各連隊長の責任にして自決を強要し、無謀な作戦を主導した主任参謀、服部卓四郎も辻も左遷されただけで、のちに太平洋戦争でガダルカナルなどの無謀な作戦を繰り返した。

日本軍は現場からの下克上で意思決定が行なわれるため、何を実現するのかという目的がはっきりしないことが多い。太平洋戦争も最終的に何をめざすか決まらないまま、アメリカに追い込まれる形で開戦した。個々の作戦でも、陸海軍の顔を立てて中途半端な目的が設定されることが多い。

ミッドウェー作戦では、軍令部は米軍の反攻基地の殲滅を考え、その中心となっているオーストラリアとアメリカの連絡を絶つためにフィジーとサモアを攻略しようとした。これに対して山本五十六長官の率いる連合艦隊は、海戦で米艦隊をハワイから誘い出して撃滅する作戦を主張した。結果的には山本が押し切る形でミッドウェー作戦が決まったが、軍令部との妥協で「拠点の攻略とともに敵艦隊を撃滅する」という中途半端な目標設定をしたため戦力が分散し、戦力において劣る米軍に敗れた。

インパール作戦では、もともとビルマの防衛強化が目的だったのが、牟田口廉也（第一五軍司令官）などの強硬派に引っ張られてインド東北部まで遠征し、補給路を断たれて八万六千人のうち三万二千人が戦死し、そのほとんどが餓死だった。沖縄戦でも、上級司令部が航空戦を主張したのに対して現地の第三二軍は地上決戦を主張し、それぞれの「自主性」にゆだねる形で作戦が決まったため、総崩れになった。

このように本来の指揮系統とは逆に現場の意向で作戦が変更されるため、一貫性のない作戦がとられて失敗することが多かった。この特徴は、今までにみてきた日本人論が共通に指摘する「強い中間集団・弱いトップ」の構造で説明できる。日本軍で最強なのは中隊レベルだといわれ、現場で「同じ釜の飯」を食った顔の見える者どうしの連帯は強く士気も高いが、参謀などの指令部との連絡が悪く、的確な情報が上がらないため、現場の戦力が生かせない。

短期決戦と補給の軽視

太平洋戦争は「緒戦で勝って太平洋の資源を押えればアメリカは戦意を喪失するだろう」という楽観的な見通しで開始され、真珠湾の奇襲などで一挙に勝負をつけようとした。これは持久戦になると物資の乏しい日本が不利になるためだったが、長期化した場合のプランはなかった。山本五十六が「やれといわれれば半年や一年は暴れてご覧に入れますが、二年、三年となっては確信はもてません」と言ったのは有名な話である。

一九四一年十一月二日に出された「帝国国策遂行要領」は、日米戦争の目的を「自存自衛ヲ完フシ大東亜ノ新秩序ヲ建設スル」こととしているが、この「自存自衛」とは何のことか、どこにも説明がない。一般には自存と自衛は同義で、前者が十九世紀の用語だとされているが、自衛のためにアメリカに宣戦布告するというのはどういうことか。どうなれば勝ったことになるのか——それもまったく説明されていない。敵国に侵略された場合には原状を回復することが自然な目的になるが、日本は領土を侵犯されたわけではないので「大東亜ノ新秩序」を守るという漠然とした目的を設定するしかない。

その場合の「生命線」は満蒙からマラッカ海峡まで数千キロメートルに及ぶので、国内の資源ではとてもまかないきれない。そこで資源を南方から略奪して戦力・補給力を維持する方針が決まったが、いつの間にかその手段が「大東亜ノ秩序」を維持するという目的にすり替わった本末転倒の結果が日米戦争だった。

これに対してアメリカは、オペレーションズ・リサーチを使って資源配分を最適化した。これは戦時中は軍事機密だったが、戦後は日本にも輸入され、ORと呼ばれた。普通に訳せば「作戦研究」だが、軍事用語はきらわれるのでカタカナのまま使ったのだ。

ORの特徴は、まず与えられた制約条件の中で戦力を最大化するという目的関数を設定し、それにもとづいて作戦を立て、それにもとづいて補給計画を立てるというように、目的から手段にさかのぼる「後ろ向き推論」で考えることだ。米軍がこのような戦略的思考が得意なのは、もともと西洋の主権国家が戦争という目的のために組織された機能集団だったからだ。

これに対して日本のような伝統的共同体は、自己を維持・存続すること以外に目的をもたない。武士のような機能集団は社会のごく一部で、その倫理も「お家の存続」といった共同体意識に支配され、対外的な戦争によって領土を拡大するという目的をほとんどもたなかった。これが日本で長く平和が維持された原因だが、多くの地方国家が割拠して経済的に停滞する原因ともなった。

日本人は「空気」を読んでみんなに同調する前向き推論が得意だが、これは日本軍のように場当たり的な行動を誘発し、最適解から大きく逸脱する部分最適に陥りやすい。普通はこのような集団は戦争で淘汰されるが、日本では平和が長く淘汰圧が低かったため、戦争目的より集団内の和を優先する伝統的な風習が残っているものと考えられる。

こうした短期決戦志向は個々の作戦にもみられ、真珠湾では空母や戦艦を撃沈しただけで航空部隊は引き上げ、石油タンクや工場などは爆撃しなかった。これは武士的な「決戦重視」の考え方の影響かもしれない。戦闘機として優秀だったゼロ戦も防御性能は悪く、銃撃を受けるとすぐ着火するため、パイロットの消耗が激しかった。

短期決戦志向の結果として生じたのが、日本軍の最大の欠陥である補給の軽視である。日本人の戦死者三百万人のほぼ半数が餓死だといわれる。これは世界の戦史にも類をみない愚かな戦争だった。インパールやガダルカナルの戦死者のほとんどは餓死であり、食人も横行した。これは英米側が第一次大戦の経験があるのに対して、日本は長期的な総力戦の経験がないため、兵站の重要性をあまり認識しなかったものと思われる。

諜報活動も軽視され、参謀本部の中でも情報部門は格下の仕事だった。日本軍の暗号はすべて米軍に解読され、ミッドウェーでもガダルカナルでも攻撃部隊が敵に先回りされて全滅した。しかも解読されていることを日本軍は、終戦後まで知らなかった。[1]

他方、日本軍の情報部門の暗号解読能力も高く、米軍のもっとも高度な「ストリップ暗号」まで解読していたのだが、こうして収集された情報がほとんど戦略決定に生かされなかった。意思決定が客観的な情報ではなく、組織内部の「空気」で決まるからだ。

縦割りで属人的な組織

このような戦略目標の欠如と場当たり的な作戦の原因は、人脈偏重のタコツボ構造にある。関東軍が暴走して既成事実をつくると、中央がそれを追認するという形でずるずると戦線が拡大する。正式の指揮系統とは別に「力のある」優等生が発言力をもち、彼らの人脈で「空気」によって作戦が決定される。

軍というのは意思決定のスピードが重要なので、すべて命令で決めるのが普通だが、日本軍は作戦を話し合いで決めるので、意思決定は遅かった。作戦を決めるのは中隊などの現場で、それがバラバラに上部機関に上げられ、声の大きい現場の作戦が採用される。最高指揮官は現場の利害調整をするので、一部を犠牲にして他を生かすという作戦が取れず、全滅するケースが多かった。

特に撤退の決定をいやがるため、インパールでは作戦中止の会議を開いてから中止するまで一ヶ月、ガダルカナルでは二ヶ月半かかった。司令官の「面子」を守るために現場で多くの人命が失われ、撤退の命令も多くの場合、曖昧な「ほのめかし」で行なわれる。組織とメンバーの共生を志向するために、人間と人間との間の関係（対人関係）それ自体が最も価値あるものとされる。そこで重視されるのは、組織目標と目標達成手段の合理的・体系的な形成・選択よりも、組織メンバー間の間柄に対する配慮である。

集団主義というのが集団の意思を個人に優越させるという意味なら、中央が出先に命じて軍を動かせるはずだが、そういう意味では日本軍は集団主義ではなかった。むしろ分権的に現場の意思で動くのだが、それは特定の個人の意思ではなく、人間関係を壊さないように行動するのだ。

結果として演繹的・論理的に戦略が決まるのではなく、戦況から帰納した参謀本部の「空気」で作戦が立てられ、それが現場に伝達されると師団や連隊の中の「空気」を守るようになし崩しに物事が決まってゆく。そのとき重視されるのは、客観情勢や味方の戦力などから論理的に導かれる作戦ではなく、将校の「顔をつぶさない」ように利害調整することだ。

作戦の結果より動機を重視することも、日本軍の特徴である。ノモンハン事件で勝手に前線に行って指揮をとった辻政信は、無謀な作戦の最大の責任者であるにもかかわらず不問に付され、かえって陸軍統帥部に栄転した。満州事変で中央の命令なしに戦端を開いた石原莞爾の責任も問われなかった。彼らは「有為の人材」であり、その勇敢な行為は賞賛されたのである。

心情が戦略に先立つ

このような日本軍の主観主義を、山本は尊皇思想以来の伝統だというが、丸山はキヨキココロを尊ぶのは古事記以来の伝統だと書いている。いずれにせよ、こういう行動原理は目的合理性とは対極にある心情倫理で、戦争のように全体のために部分を犠牲にする判断の必要とされている状況では悲惨な結果をもたらす。

こうした伝統は、現代の官庁や企業にも受け継がれている。個々の現場がタコツボ化して、全体を統括する中枢機能が弱い。目的を設定して必要のない部分を切る全体戦略がないので、現場がいくらがんばっても収益が上がらない。意思決定が人間関係に依存しているため仲よしクラブになり、撤退の決断ができない。

ただ初期の陸軍には、それなりの戦略があった。石原莞爾は「世界最終戦争」という目標を設定し、そのための戦略として国力の充実による補給の整備を計画した。一般には満州事変は軍中央の承認を得ないで関東軍が暴走したものとみられているが、その四年前の一九二七年に「一夕会」と呼ばれる陸軍将校の集会で「帝国自存のため、満蒙に完全なる政治的勢力を確立するを要す」という申し合わせが行なわれた(2)。

一九三一年六月には「満蒙問題解決方針の大綱」が決定され、武力行使の方針が示唆されていた。これを決定したのは一夕会の中心だった永田鉄山や東條英機であり、彼らは関東軍参謀の石原莞爾と連携していた。九月十八日の柳条湖事件そのものは軍中央の事前の了解を得ていなかったが、陸軍省は翌日ただちに参謀本部との合同首脳会議を開き、即座に関東軍の出動を承認し、増派まで決定した。その後、若槻内閣も陸軍の方針を承認し、満州の占領はなし崩しに国策となった。

永田の構想の背景には、第一次大戦で戦争の様相が大きく変わり、軍事力だけではなくトータルな経済力の問われる総力戦になったとの認識があった。そのためには持久戦に耐える国家総動員体制を築くだけでなく、満州や華北・華中を含めた「自衛圏」を構築することを考えていた。このために重要なのは陸軍そのものが政治勢力となって政権を掌握することで、永田はクーデタを計画していた。

しかし永田は皇道派との派閥抗争の中で一九三五年、皇道派の青年将校に刺殺され、彼を中心とする「昭和陸軍」は中枢を失って迷走し始める。翌年には皇道派が二・二六事件を起こすが統制派によって鎮圧され、皇道派は軍中枢から追放された。しかし統制派の中心となった東條の求心力は永田とは比較にならず、その下の世代の急進派が陸軍の中で勢いを得て、日中戦争の泥沼に突入する。

本来の統制派の思想は、次の世界大戦に備えて軍事力を蓄積することだったが、石原が引き金を引いた下克上の風潮によって関東軍の暴走に歯止めがきかなくなった。石原はこれに反対し、満州に行って説得したが、関東軍の参謀に「われわれは満州事変で石原閣下のやった通りやっているだけだ」と一笑に付されたという逸話がある。

一九三七年の日中戦争の開始にあたっては、参謀本部作戦部長になった石原は不拡大方針を主張したが、すでに陸軍の主流は主戦論に傾いていた。武藤章作戦課長や田中新一軍事課長は石原と対立し、最終的には石原が敗れた。ここから日米開戦までは、ほとんど一直線だった。

永田の構想した軍事政権は、彼のような大きな戦略と強い指導力をもつリーダーがいて初めて成り立つものだった。そういう求心力を失うと、戦略だけは大きいが人望のない石原にも、人事は得意だが戦略のない東條にも、永田の代わりはつとまらなかった。そして日中戦争が始まると新聞は主戦論一色になり、その「空気」は石原にも東條にもコントロールできなくなった。

陸軍の中で開戦論を激しく唱えた武藤や田中の構想は永田の持久戦構想とは異なり、初期の海上決戦で米艦隊に決定的な打撃を与え、日独伊で包囲して戦意を喪失させるという主観主義的なものだった。

このように日本軍は最初から戦略のない戦いを考えていたのではなく、石原の独断や永田の暗殺や東條の優柔不断など、さまざまな要因が重なって日米開戦になだれ込んでいった。この根本原因は、初期には欧米の列強から自国を守るという目的があったのに対して、一九三〇年代に入って中国大陸や太平洋に戦線を広げてからは、何を実現したら勝利なのかという目的が不明になったことだった。

心やさしき独裁者

目的を見失った組織では派閥の影響力が強まり、「力のある上司」に迎合して意思決定が行なわれ、前例を踏襲することが正統性の根拠となる。そういう日本的意思決定の代表が東條英機だった。彼は一般には強権的なファシストと考えられているが、実際には小心で凡庸なサラリーマンだった。

陸大の席次は六十人中十一位で、陸軍幹部の条件である「恩賜の軍刀」組ではなかった。大きな転機になったのは、一九三五年の永田鉄山の暗殺だった。これによって皇道派を押える力が弱まったことが、翌年の二・二六事件につながり、そこから雪崩を打って日本は戦争に突入していく。永田の信頼が篤かった石原莞爾には敵が多いため失脚し、統制派は中心を失う。

そんな中で「粛軍人事」で永田の後釜に座ったのが、彼を兄のように慕っていた東條だった。東條には永田のような頭脳も石原のような戦略もないが、人事への執着が異常に強いことが特徴だった。

彼は自分に近づいてくる人物を重用し、批判する人物は遠ざける露骨な派閥人事を行ない、激しく対立した石原も左遷した。

他方、身内の面倒見はよく、歴代の首相に仕えた公用車の運転手が「一番立派な首相は誰か」ときかれて「東條さんです」と答えたという逸話がある。「隅々まで部下思いの方です」といったという。(3)

東條のもう一つの特徴は、手続き論への異常なこだわりだった。他人を論理で説得するのが苦手な分、形式的な法律論で相手をねじ伏せようとする。皇道派を追放した陸軍では下克上への警戒が強まり、上の命令を忠実に守って反抗しない東條のような軍人が模範とされたのだ。

こうして人望も能力もない東條が「消去法」で、するすると陸相になった。彼は石原とは違って調整型で敵が少なく、まわりが警戒心を抱かなかったことも幸いした。また手続きを重視するため、既成事実をくつがえすことがない。対米交渉でアメリカが中国からの撤兵を要求したのに対して「ここで引き下がったら英霊に申し訳が立たない」と拒否したことは有名だ。

こうしてだれもがおかしいと思いながら既成事実が積み重ねられ、「ここで撤退しよう」という指導者が（軍人・文民ともに）「空気」に排除され、最後に残ったのは、とにかく前例を踏襲するだけの無能な軍人だった。本来は危機に際して思い切った判断のできる指導者が必要だったが、日本が危機だという認識が共有されていないので、新聞がイケイケの世論を盛り上げ、誰も止められなくなる……

一九四一年、日米開戦に反対する近衛文磨首相を東條は「そういうことは決まる前にいうことだ」と一喝し、近衛は辞任した。その後任については東久邇宮稔彦を推す声が強かったといわれるが、木戸幸一内大臣は東條を天皇に推挙し、天皇の承認を受けた。この人事は陸軍を掌握している東條でないと強硬論を押えられないという発想だったといわれるが、結果的には大失敗だった。

そもそも軍人を国家の指導者にするということは、文民統制のきびしい西洋はもちろん、中国でもありえない。それをいとも簡単に破った日本は、戦争がいかに大きな災厄をもたらすかに無自覚だったのだろう。特に主戦論に抵抗してきた天皇が東條首相を承認したことは、致命的な失敗だった。このときなら、拒否権は行使できたはずだ。

東條は天皇に好まれ、彼も天皇を慕っていたため、「対米開戦を回避せよ」という天皇の命令を忠実に守ろうと努力したが、アメリカが強硬な対日要求を出してきたため、陸軍を押えることができず、ついに彼自身も勝算のないまま開戦に踏み切ってしまう。十二月六日の夜、彼は首相公邸で号泣したといわれる。

「軍が暴走して国民は被害者だった」などというのは嘘で、戦争をもっとも強く望んだのは国民だった。新聞がそれに迎合し、それにあおられて政治家が大政翼賛会に集合し、軍の前線は戦線を拡大する。むしろもっとも慎重だったのが、東條を含む軍の首脳部だったが、決定的な時期に気の弱いサラリーマンが首相になったことが日本の悲劇だった。

両論併記と非決定

日本軍が勝てない戦争に突入した原因は、小さな問題から先に決め、利害の対立する大きな問題を先送りする「両論併記と非決定」だった。[4]日本の組織には最終決定権者がいないため、みんなの合意が得やすい小さな問題については何回も打ち合わせして入念に決めるが、その前提となる大きな問題は意見がわかれるので、事務局が両論併記した玉虫色の素案をつくり、最終決定を避ける。

太平洋戦争の開戦までの過程で印象的なのは、最初から最後まで対米戦争の目的がわからないことだ。最初に対米開戦論が陸軍から出たのは、一九四一年七月に南部仏印進駐に対してアメリカが石油の禁輸などの制裁を出したことがきっかけだった。仏印（ベトナム）や蘭印（インドネシア）の石油資源が日中戦争の継続に必要だったからである。

今からみると、日中戦争の物資調達のためにアメリカと戦争するなんて本末転倒もいいところだが、陸軍は「自存自衛」のために対米報復するという案を出し、御前会議では両論併記の「帝国国策遂行方針」が決まった。

このあとも正式には結論を出さないまま、次第に開戦論に軸足を置く「国策」が何度も策定された。海軍は「三年目以降は責任がもてない」と抵抗したが、近衛首相は陸海軍の対立を調停できないまま内閣を投げ出した。

詳細にみても、いつ誰が開戦を決めたのかは不明で、「これでよく開戦の意思決定ができたものだと、逆の意味で感心せざるを得ない」[5]。御前会議の出席者の関心事は、組織の中で自分がいかに生き残るかで、「国策」の流れから取り残されることは避けなければならなかった。対米戦争に勝算がないことは誰もが知っていたが、三年目以降は「わからない」という海軍の曖昧な表現が、やり方次第では勝てるかもしれないという楽観論を生んだ。

このように御前会議のメンバーは自分の組織内リスクを避けるために成り行きにまかせ、結果的には国が滅びるリスクを取ってしまった。対米戦争の目的は何で、その達成のためにどういうコストが必要かという検討は御前会議では行なわれなかった。開戦は、誰も望まなかった事故のようなものだった。

御前会議が閣議のように全員一致だったら天皇は拒否権を行使できたはずだが、その決定ルールは決まっていなかった。かといってそれは多数決でもなく、「御前会議というのはおかしなものである。天皇には会議の空気を支配する決定権はない」と昭和天皇も『独白録』で嘆いた。彼も「空気」が最高意思決定者だと考えていたのだ。

大日本帝国の密教と顕教

このように誰も決めないシステムでは、全員が自分で決めたような参加感をもつのでモチベーションが高まる。軍においても、バンザイ突撃や特攻のような玉砕を文書で命じた公式の軍命は見当たらない。これは軍関係の文書が終戦直後に焼却されたことも原因だが、特攻は自発的に行なわれたのだ。命令がなくても現場が玉砕し、命令があっても現場が拒否することが日本軍では珍しくなかった。

こうした下克上は明治憲法に埋め込まれた仕掛けによるものだ、と片山杜秀はいう[6]。憲法ではすべての決定権は天皇がもっているため、内閣にも議会にも決定権がなく、軍の統帥権も政府から独立していた。しかし実権を握っていたのは、法律上は存在しない長州閥の元老だった。つまり明治憲法は、「密教」としての藩閥政治を隠すために天皇という名目的な君主を立てた「顕教」だったのだ。

実際の政治は密教で動いているのだから顕教はどうでもよく、なるべく威勢よく戦意を昂揚して玉砕を煽動すればいい。そのお先棒をかついだのが新聞だった。しかし藩閥政治は密教であるがゆえに、元老の力が（山県有朋を最後に）衰えると求心力を失い、顕教が一人歩きするようになる。それは天皇がすべてを決めるようでありながら何も決めることのできない、恐るべき憲法だった。

政治家も軍幹部も対米戦争で勝てるとは考えていなかったので、国家としての意思決定が機能していれば、どこかでブレーキがかかったはずだが、明治憲法では内閣に憲法上の権限がないため、最高意思決定機関がなかった。軍の統帥権も独立しているため、実質的な中枢だった元老の権力が衰えると、軍部の下克上に歯止めをかける人がいなくなった。

東條は首相と陸相と参謀総長を兼務して「ファシスト」と呼ばれたが、彼が政府と軍のトップを兼務したのは、バラバラになっている意思決定を統合するためだった。しかしタコツボ的な統治機構を彼のようなサラリーマンが統率できるはずがない。本物のファシストだったら勝てない戦争は止めたかもしれないが、東條はむしろ不完全なファシストだったために止めることができなかったのだ。

日本人の肖像——石原莞爾

石原莞爾（一八八九〜一九四九）は、一般には満州事変の首謀者として知られているが、陸軍の歴史に残る軍人である。その特徴は、よくも悪くも「日本的」ではないことだった。彼の『最終戦争論』は、来るべきアメリカとの「最終戦争」に備えてアジアに足場をつくり、補給体制を整えるという考え方で、戦略の欠けている陸軍で唯一の戦略家として知られていた。ただ石原の構想は日蓮宗の信仰にもとづいた独特のもので、陸軍の主流にはならなかった。

満州事変も本来はそういう長期戦略の一環として満蒙を領有するもので、一般にいわれているのとは違って関東軍が暴走したのではなく、陸軍の永田鉄山軍事課長を中心とする軍事エリート集団の意を受けたものだった。彼らは次の世界大戦は不可避と考え、その基軸となる政権の中心には軍がなるべきだと考えていた。

石原は満州事変を見事な手腕で勝利に導き、傀儡政権をつくって「満州国」を建設した。ここには岸信介などの「革新官僚」も合流し、北一輝の影響を受けた国家社会主義者が計画経済のモデル国家を建設した。その理念として掲げた「五族協和」は、日本がアジアの盟主として西洋に対抗するという構想で、満州鉄道を中心とするインフラ建設も行なわれ、軍を中心にした社会主義経済の実験が行なわれた。

　こうして石原は輝かしい成果を上げて、参謀本部の作戦課長という中枢に帰任し、陸軍の方針を決める立場になった。一九三六年の二・二六事件では、戒厳指令部の参謀として反乱軍の鎮圧にあたった。彼は「統制派」にも「皇道派」にも属さず、反乱を鎮圧した手腕が買われて陸軍で重きをなした。

　石原はソ連を最大の敵と考えており、中国で拡大する気はなかったのだが、満州の成功体験が陸軍の中に下克上の風潮を生み出し、華北へと南進した日本軍は戦線を拡大し、大量の兵力を大陸に投入した。日本の組織に固有の下克上のダイナミズムが、中央の命令を無視して走り始めたことが石原の誤算だった。

　日中戦争の開始にあたっては、石原は不拡大方針をとって参謀本部で孤立し、関東軍の副長に左遷された。そこでも彼は東條と対立して舞鶴要塞司令官に左遷され、一九四一年には予備役に編入された。

　石原が孤立した根本的な原因は、彼の最終戦争論が永田以来の陸軍の主流とはまったく違うことだった。永田は来るべき第二次大戦はヨーロッパから起こると考え、それにそなえて中国を支配する構想を立てていたが、石原は最終的な敵はアメリカと考え、その前に想定していたのは対ソ戦で、ヨーロッパの戦争に関与する気はなかった。武藤などの永田直系の軍人は、こうした石原の方針と事あるごとに対立し、最終的には彼を追放してしまったのである。

第六章

日本的経営の神話

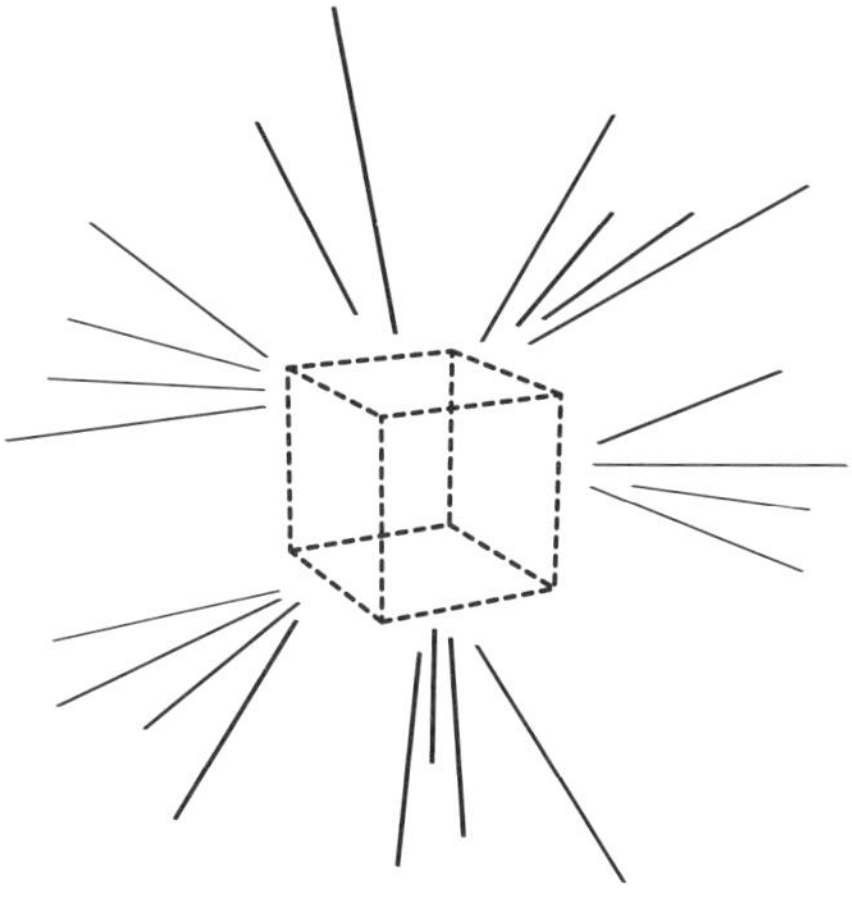

日本企業が世界の注目を浴びるようになったのは、それほど古いことではない。私の子供のころは「日本は資源のない貧しい国」と教わっていた。それが「経済大国」といわれるようになったのは七〇年代以降、特に二度の石油危機を乗り越えてからだ。石油危機のダメージは資源のない日本がいちばん大きいと思われたのだが、意外にも回復はいちばん早く、しかも「省エネ」型の自動車が世界を席巻した。

これをきっかけにして、八〇年代には日本製の自動車や電機製品が世界に大量に輸出されるようになり、これを「日本の奇蹟」としてほめたたえる論調が海外から出て来た。かつては前近代的な雇用慣行とされた終身雇用が「長期的視野による経営」と賞賛され、産業別労組がないためにできた企業別労組が「労使協調」として賞賛された。日本的経営が世界に冠たる成長を実現したことで「和を好む」日本人の国民性も世界から賞賛され、近代主義者の批判は忘れられた。

外国人の見た日本企業

最初に「日本的経営」に注目したのは、日本を研究する外国人だった。アメリカの経営学者ジェームズ・アベグレンは『日本の経営』(一九五八)で終身雇用・年功序列・企業内組合などの日本企業の特徴を指摘し、これを「三種の神器」と呼んだ。ここではベネディクトの指摘を継承して、日本人の集団主義や家族主義などの「前近代的」な特徴をあげ、それが結果的には明治以降の「上からの近代化」に適していたという。

同じような指摘は、ロバート・ベラーの『徳川時代の宗教』(一九五六)にもみられる。ベラーは石田梅岩の石門心学にウェーバーのプロテスタントの倫理に似た労働倫理を見出し、勤勉と倹約を重んじて利益をその成果として肯定的にとらえるプラグマティズムが、明治以降の近代化の基礎になったという。石門心学に注目するのは丸山眞男や山本七平も同じで、丸山はベラーの本に長文の書評を書き、山本は『日本資本主義の精神』(一九七九)で石門心学を高く評価している。

ただ六〇年代までは、こういう専門的な研究が注目を浴びることは少なかった。日本はまだ発展途上国で、技術だけではなく経営手法もアメリカのまねをしており、日本独特の雇用慣行は「遅れたもの」と考える風潮が支配的だった。

それに対して日本企業が世界一すぐれていると絶賛してベストセラーになったのが、エズラ・ヴォーゲルの『ジャパン・アズ・ナンバーワン』(一九七九)である。しかし実はこの本の目的は、日本を賞賛することではなかった。この本の副題は「アメリカへの教訓」となっており、著者は序文でこう書いている。

まず私が思い立ったことは、勤勉、忍耐力、克己心、他を思いやる心といった日本人の美徳と考えられる特質を検討してみることだった。しかしながら、日本人の組織、財界、官僚制などへのかかわり方を調べれば調べるほど、日本人の成功はそのような伝統的国民性、昔ながらの美徳によるものではなく、むしろ、日本独特の組織力、政策、計画によって意図的にもたらされたものであると信じざるをえなくなった。(1)

ヴォーゲルは、このように国民が一丸となって合理的な制度を構築してきた日本に対して、アメリカは「過剰な個人主義」のために政府の介入をきらい、企業活動を自由放任すべきだという古いイデオロギーに呪縛されているという。また州の自律性が強すぎるために、日本のように中央政府が経済をコントロールする戦略をもっていない。こうした合衆国独立以来の古い習慣は工業化の時代には適していたが、現代の「脱工業化時代」には、官民一体となって問題を解決する日本に学ぶべきものが多いというのだ。

このように日本の官民関係をその成功のコアとみる発想は、「日本株式会社」論として日本を攻撃する論拠にもなった。その急先鋒が、チャルマーズ・ジョンソンの『通産省と日本の奇跡』(一九八二)である。このころには「二十一世紀は日本の世紀だ」というハーマン・カーンの予言がもてはやされ、日本がアメリカを抜いて世界一の経済大国になることは時間の問題だと思われた。

日本的経営の黄金時代

一九八〇年代には日本の企業が世界から賞賛を浴びたが、実際には日本企業の優位はそれほど大きかったわけではない。六〇年代には低賃金の優位は大きく、為替レートは一ドル=三六〇円という大きなハンディをもらっていたのに、それほど輸出は増えなかった。七〇年代に輸出が急増したのは、石油危機で日本の小型車が急に売れ始めたことがきっかけだった。それまで消費文明で資源を浪費していたアメリカを中心とする欧米工業国の盲点を突く形で、低価格・低性能・低燃費の日本車が世界に進出したのだ。

続いて世界に進出したのが、家電や半導体などのマイクロエレクトロニクス、次いでカメラなどの精密機械で、この三業種だけで日本の輸出額の七割を占めた。それ以外の製造業の国際競争力は弱くはなかったが特に強いわけでもなく、非製造業は一貫して弱い。石油化学や食品などの伝統的な垂直統合型産業では欧米企業の優位は今も変わらない。

だから「日本的経営はなぜこんなにすぐれているのか」という問いは間違いで、「日本企業はなぜ自動車や家電に強いのか」と問うのが正しい。日本企業が強いのは「二・五次産業」と呼ばれる知識集約的な製造業だけだが、それがたまたま七〇〜八〇年代に花形産業になり、また自動車やテレビなどの規格が標準化されていて世界市場が成立したために、「日本の奇蹟」と見えたのだ。

このような錯覚の最たるものが、伊丹敬之『人本主義企業』(一九八七)である。人本主義とは「企業はカネを出している株主のものではなく、知恵を出す従業員のものだ」という「従業員主権」の立場である。これは会社を株主のものと考える商法の原則とは異なり、資本家が議決権をもつ資本主義の原理とも違うが、伊丹によればこれが日本企業の成功の秘密だという。

ただこの本は、一面の真理を語っているようにもみえる。日本企業の特徴は、「持ち合い」などによって資本の論理を阻止し、サラリーマン経営者をトップとするサラリーマンの共同体だからである。これは戦前から多くの人が指摘してきた日本社会の「封建的」な構造だが、それが結果的にはある種の製造業に適していた。

それは人々の長期的関係に依存するシステムで、集団主義というより「あいだ」や「世間」を中心とする「関係主義」ともいうべきものだ[2]。ここでは集団の目的ははっきりせず、他の人との協調によって意思決定が行なわれ、個々の職場の合意の集計として企業の意思決定が行なわれる。最終的な決定権や拒否権をもつ株主がいると、人員整理などによって長期的関係が断ち切られるリスクがあるので、なるべく株主の力を弱めて従業員の人的ネットワークを守ろうとするのだ。

このような日本企業の分散型ネットワークについての研究は早くから始まっていたが、浅沼萬里や小池和男などの実証研究が注目を集めるようになったのは一九八〇年代である。彼らの明らかにした下請けネットワークは、日本企業が「和を好む」といったステレオタイプの理解とは違い、むしろ競争的で個人主義的であることを明らかにした。日本の労働者は働き者だが、実は人間関係のわずらわしい会社がきらいなのだ[3]。

勤勉革命の伝統

日本的経営の起源は、それほど新しいものではない。ベラーもいうように、非西欧圏で唯一、日本が自力で近代化できた一つの原因は、江戸時代に近代的な労働倫理が確立していたからだ。しかしそれはウェーバーのいうようなプロテスタントの職業倫理とは違い、資本蓄積ではなく長時間労働をいとわないエートスである。これを速水融は産業革命（industrial revolution）と対比して、勤勉革命（industrious revolution）と呼んでいる[4]。

日本では歴史的にずっと土地不足・労働過剰が続いてきたため、土地を節約して労働を浪費する勤勉革命が定着した。一六〇〇年には日本の人口は千二百万人ぐらいだったが、一七〇〇年には三千百万人に激増した。この最大の原因は、十五世紀後半から続いていた戦乱が徳川幕府の成立で終了し、長い平和が続いたことにある。

農民は村にしばりつけられ、村が農地を管理して納税する「村請」の制度が確立した。領主が徴税人を使って農民から徴税するのではなく、農民が自発的に村に年貢を収めて村が納税する分権的な徴税システムが組織のモデルになった。当時の日本の人口はイギリスとフランスの合計にほぼ等しく、江戸は世界最大の都市だった。今でも日本の耕地面積あたりの人口密度と生産性は世界一である。非効率にみえる日本のサービス業も、稀少な資源である土地を有効利用する産業なのだ。

年貢は「五公五民」などといわれたが、実際には徴税の基準となる石高は一七〇〇年で凍結され、再測量には農民が百姓一揆で抵抗したので、幕末には実効税率は八%程度だったといわれる。新しく開墾した土地は課税対象にならないため、山の上まで棚田をつくって土地を極限まで効率的に使い、長時間労働で収量を上げる労働集約的な農業が生まれた。

同じころ欧米では、広い土地を牛馬で耕作する農業の機械化が進んだが、日本では牛馬が減って人間が耕作するようになった。狭い土地を効率的に使うには、牛馬よりも人間が作業したほうがいいからだ。

これは平和な時代に激増した過剰人口を使って狭い土地を使う、合理的なイノベーションだった。農民は人口数百人の村に死ぬまで暮らすので、誰が怠けているかはすぐわかる。傾斜の大きい日本の土地では、水を共同で管理する灌漑が重要で、稲作では田植えのような集団作業が多いため、人々が自由に時間を使うことはできない。命令されなくても、村の「空気」を読んで夜遅くまで作業する習慣ができた。

このような勤勉さが、日本が工業化に成功する重要な原因だった。村の代わりに工場が生産の単位になり、生産量が上がれば労働者に平等に分配され、納税から年金まで会社が面倒を見る「村請」型コミュニティになった。一つの村で「一所懸命」に仕事する労働倫理は職人的な技術を蓄積する上でも有利で、ゼロ戦や戦艦大和のような名作を生み出した。しかしゼロ戦は職人芸に依存しすぎて量産できず、大和は航空戦時代には無用の長物だった。

日本的労使関係の起源

日本企業のこうした労働集約的な特徴は、明治以降の工業化が欧米に大きく遅れたためだ。十九世紀末から今世紀初めにかけてアメリカではＧＥやＩＢＭなどの巨大企業の多くが合併によって生まれ、垂直統合型の大企業が主流となった。これに対して日本では資本蓄積が十分でなかったため、大企業のほとんどは官営企業であり、重工業のにない手は軍工廠や財閥系企業など一部に限られていた。

しかし日露戦争以後、軍需が急速にのびたため、設備の拡張によって職工の不足と賃金の急騰が生じ、労働者の地位の向上にともなって各地の造船所で大規模な争議が起き、深刻な経営問題となった。これに対応するために日本の経営者も内部請負制の間接的管理体制から経営者による直接的管理体制に移行し始めたが、そのコースは垂直統合型の企業とは対照的な「経営家族主義」によるものだった。(5)

一九一〇年代から各地の造船所に共済組合や生活扶助施設があいついで設けられ、労働者の拠出や企業の補助によって医療や年金などの給付を行なうしくみがつくられはじめた。そのねらいは、賃金だけでなく、こうした付加給付や福祉施設の充実によって熟練工を企業内に「囲いこむ」ことにあった。

一九二一年、鐘淵紡績の社長になった武藤山治は定款を改正し、内部昇進制度を明文化するなど現在の日本型経営者資本主義の原型となる改革を行なうとともに、「家族主義」をとなえ、経営者の温情とともに労働者の「利己的行動の抑制」を求めた。また武藤はそれまで「使用人」と呼ばれていた労働者を「社員」と呼び、会社の所有者である「社員」を「株主」と呼ぶように改めた。

商法では会社の所有者を「社員」と定めているから、これは資本家による会社の支配を否定するような重大な変更だが、他の企業も追随してこの呼称を採用するようになった。このころから、日本企業は労働者管理企業の性格が強い。

戦時体制による国家統制は、こうした労使の一体化を一挙に立法化した点で重要な意味をもっていた。特に一九三九年に賃金統制令によって職工の給与において依然として支配的であった請負給（親方が出来高に応じて職工に配分する）を廃止し、年齢別の定額給を全国的に定着させたことは年功賃金の制度化のきっかけとなり、同じく一九三九年の従業員雇入制限令によって職場の移動が禁止されたことも労働市場の不完全性の原因になった。

こうした労使一体の経営がそのまま現代につながるわけではなく、終戦直後から一九六〇年ごろまでは、共産党の影響を受けた労働組合が戦闘的な生産管理闘争を続け、労使の激しい対立が続いた。これは賃上げ闘争ではなく、マルクスの「生産の社会的管理」の理念を追求し、労働者が経営に参加して企業をコントロールする権利を求めるものだった。

ドッジ・ラインによるデフレの中で五〇年代に日産、王子製紙、三井三池などで長期にわたって激しい労働争議がくり広げられた。ここで争われたのは主として大量の人員整理の問題であり、そのこと自体が「終身雇用」がこの時期には確立していなかったことを示している。

五〇年代までは、解雇はかなり自由に行なわれており、十年以上勤続の労働者の比率も一九五七年で一五・八％と、戦前とほとんど変わらない。しかし解雇がこうした労使紛争を引き起こして高くつくことを学んだ経営者は、労使協調的な「第二組合」をつくって階級闘争的な産別（共産党系）の勢力をそぐ方針をとった。

しかし一九六〇年の三井三池を最後として、労使対立の時代は終わる。三井三池は「総資本対総労働の闘い」と呼ばれ、三百日に及ぶロックアウトと労使の衝突によって数百人の死傷者を出す大闘争の結果、会社側の人員整理案を組合側が事実上のむ形で決着した。

このように労働側が敗北する決め手になったのが「第二組合」の結成による組合の分裂だった。こうした第二組合を中心にして総評（日本労働組合総評議会）や同盟（全日本労働総同盟）などの新たなナショナル・センターがつくられ、共産党に指導され階級闘争路線をとる産別が衰退していったことによって、日本の労組が企業別に編成される今日の枠組が成立した。

一九五〇年代後半に確立した「春闘」による賃金決定は労働者の関心を雇用の保証から賃金へと移し、階級闘争的な対決路線から交渉によって成長の果実を少しでも獲得する協調路線へと労働組合の方針も大きく変化した。一九二〇年代から始まった日本型の労使関係が確立したのは、この五〇年代だった。

日本企業は町工場の集合体

このように個人が長期的関係で強く結びついた組織は、結果的には戦後の製造業に適していた。二十世紀の前半には、重化学工業を中心とした垂直統合型の大企業が主流だった。こうした企業は設備投資が大きく技術進歩が遅い石油化学や電力などの産業では今でも効率的だが、不断のイノベーションや多品種少量生産が求められるようになると、その意思決定の遅さが足枷になってきた。

これに対して、日本の自動車産業では職域を超えたスタッフからなる製品別プロジェクト・チームによって有機的に意思決定が行なわれ、アメリカの半分の期間で新製品開発が行なわれるようになった。日本の製造業の大きな特色は、部品の内製化率が低い代わりに、緊密に情報を共有する下請け企業のネットワークがあり、エンジンのような中枢的な部品まで下請けによって生産されていることである。

たとえば一九八三年にGM（ゼネラル・モーターズ）は四十六万人の従業員で五百万台の自動車を生産したが、同じ年にトヨタは六万人で三百四十万台を生産し、一人当たりの生産台数はGMの約五倍だった。この見かけ上の極端な効率の違いの原因は、GMが部品のほぼ半分を自社で生産しているのに対して、トヨタの部品の四分の三が下請け企業でつくられていることにあった。[6]

日本の系列関係は「下請け」という言葉が連想させるほどには階層的ではなく、むしろ資本力のないメーカーが近隣の技術をもつ企業に協力を依頼して作り上げていった「町工場の集合体」という性格が強い。日本の自動車産業にとって、すべての工程を垂直統合して大量生産するアメリカ型の巨大企業のシステムをそのまま採用することは考えられなかった。

日本の市場はせまく、一車種当たりの生産量が小さい——たとえばGMが一種類のシャーシで四百九十五万台を生産していた時にトヨタは六十七万台のために三三種類ものシャーシをつくらなければならなかった——ため、最初から「多品種・少量生産」をせざるをえず、膨大な部品をすべて自社で製造することは不可能だった。(7)

半導体でもDRAM（パソコンの主記憶に使われるメモリ）の開発においては、研究・開発・製造の各段階がオーバーラップしながら仕事をリレーして並列処理する「共有された分業」と呼ばれるしくみが採用され、開発部門と製造部門の両方の出身のスタッフからなるプロジェクト・チームでメンバーが互いに他の部門の知識を共有することによって部門間の調整がすみやかに行なわれ、製造工程や品質管理などにも配慮した実際的な設計によって製品化のスピードも速くなった。

また自社で製造する場合にも、さまざまな部門をピラミッド型の階層組織に構造化するのではなく事業部として分権化し、統合度を下げるのが特色である。この種の組織形態の世界的な先駆である松下電器は一九三三年に製品別の事業部制をとり、三五年には松下電器産業株式会社として持株会社になって各部門を完全に「分社化」した。

戦時期には統制のために一部が垂直統合されたが、一九五〇年からふたたび事業部制が採用され、その後も統合と分散を繰り返しながら、基本的には事業の多角化とともに事業部制は拡大していった。

協力と長期的関係

このような分散型の「村」を統合したのは、契約や命令ではなく非公式の長期的関係だった。これは日本に固有のものではなく、人類の歴史の大部分では長期的関係によって秩序が守られてきたと考えられる。たとえば中世の地中海では、マグレブと呼ばれるユダヤ商人が共同体をつくって取引を行なっていた(8)。日本の「頼母子講」やインドのグラミン銀行のような共同体による金融システムも途上国には広く見られる。

しかしこうしたメカニズムは、互いの評判を共有している小集団では有効だが、近世以降の欧州で複数の文化圏にまたがって貿易が行なわれるようになると有効性を失い、非人格的な「法の支配」に代替された。

他方、近代以降の日本では、市場での取引と組織内の長期的関係が併存し、後者においては人事情報を共有する「評判メカニズム」が有効性を持ち続けた。これほど人口の多い「大きな社会」で長期的関係が機能したケースは他に例をみないが、その原因は中間集団の自律性やメンバーの同質性が高かったためだと思われる。評判メカニズムは法的な紛争解決よりはるかにコストが低いので、司法制度は余分なものだった。

しかし経済活動がグローバル化し、メンバーの異質性が大きくなると、長期的関係の拘束力は弱まる。高度成長が終わると、企業の破綻や再編は日常茶飯事となるのだが、幸か不幸か日本社会の評判メカニズムはまだ強力なので、いったん「問題」を起こしてスティグマが押されると、二度と消えない。犯罪には時効があるが、評判は死んでも残る。

長期的関係を維持する心理は、一部は遺伝的なものとも考えられるが、大部分は文化的・歴史的に形成されたものだろう。日本の場合、その有効性はまだ高く、人々の脳内に深く埋め込まれているので、簡単に変えることはできない。これは「再チャレンジ政策」で解決するような生やさしい問題ではなく、日本の苦境のコアにある歴史的な変化である。異常な自殺率が示しているのは、この長期的関係の呪いが非常に大きなストレスを人々にもたらしているということだ。

このような長期的関係の合理性は、ゲーム理論で説明できる。前述のような「囚人のジレンマ」では、両方が裏切ることが均衡状態（ナッシュ均衡）になり、一回かぎりのゲームではこのジレンマから抜け出すことができないが、ゲームが繰り返される場合は協力を維持することができる。

たとえばAとBが長年の取引相手だとすると、金を返さないとBは二度と金を返してくれないだろう。借金を踏み倒すことによって百万円得するとしても、そのあと借金ができなくなって百万円以上損すると予想される場合には、ちゃんと借金を返して取引を続けたほうがいい。二人が囚人のジレンマ状態にあっても、長期的関係があれば「相手が協力する限り協力するが、裏切ると裏切り、相手がふたたび協力しても二度と協力しない」という戦略を双方がとることで協力が維持できる。[7]

共有知識としての「空気」

長期的関係を維持することは二人だと簡単だが、関係者が多くなると誰が裏切ったかを知ることがむずかしくなるため、情報を濃密に共有する必要が出てくる。これは商取引を行なうとき重要で、歴史的にも信頼を担保するさまざまな制度が設計されてきた。

もっとも原初的な方法は親族などの血縁集団であり、人類が定住するようになってからは村落などの地縁集団が長期的関係を担保する手段になった。日本の企業の特徴は、こうした人事情報がきわめて濃密に共有されていることだ。サラリーマンの飲み屋の話題の半分以上は人事の話で、「あいつは変な奴だ」とか「問題を起こした」といった情報は、このネットワークで急速に広がる。

しかし協力の成立にとって長期的関係は必要条件ではあるが、十分条件ではない。いくら長期的関係があっても、相手が裏切ると自分も裏切ることが最適な戦略になってしまう。中国人は、どんなに長期的な取引があっても商品の数をごまかしたり中古品を混ぜたりするという。それがわかっていると、商品を受け取るほうもチェックしなければならないので、一回かぎりの囚人のジレンマと同じになってしまうのだ。

これを防ぐためには、人々が互いに裏切らないという「評判」を全員が共有する必要がある。このように全員が知っており、互いに知っていることを知っている……という知識を「共有知識」と呼ぶ。これは単に全員が知っていることより強い条件で、同じことを全員が知っていても他人が知っていることを知らないと協力は実現しない。

たとえば「協調爆撃」という問題がある。戦闘機が相手の空母を攻撃するとき、二機が同時に爆撃すると撃沈できるが、一機だけでは反撃されてこちらが撃墜されるとしよう。ところが航空無線にノイズが入って十分聞き取れない。相手が「これから出撃する」という連絡は聞き取れたのだが、こちらも出撃するという連絡が届いているかどうかわからない。このとき出撃は成功するだろうか？

答は「少しでもノイズがあると失敗する」である。相手が出撃することがわかっても、自分が出撃することが相手に伝わらないと相手は出撃しないので、自分だけで出撃すると撃墜される。したがって両方とも出撃しないことが最適になってしまうのだ。このように共同行動をとるときは、濃密に知識を共有していることが必要で、一人でも「異分子」がいると統制がとれない。

山本七平のいう「空気」をこのような共有知識と理解すると、それは日本人に固有のものではない。中世のマグレブ商人も互いの評判を共有する「空気」によって取引の安全性を担保していた。ただ、これは特殊な条件のもとでのみ有効で、マグレブ商人の取引関係も血縁のみで成り立っていたわけではない。

村から会社へ

もう少し一般的なメカニズムとして、ヨーロッパで中世に広く行なわれていたのが村落責任システム（CRS）と呼ばれるものだ。これはグラミン銀行のように、債務不履行の責任を「隣組」に負わせるしくみで、多くの発展途上国にみられる。日本の無尽や頼母子講もこれに似たしくみだった。

ここでは情報共有の単位を細分化し、それを固定することが重要だ。共有知識をn人全員がもつためにはnの階乗に比例するコミュニケーションが必要なので、これはnが大きくなると爆発的に増えるが、司法機関が全員の評判を記録する「ハブ」になるとn回のコミュニケーションですむ。

特に重要なのは、遠距離貿易でCRSの実行が困難だったことだ。このためヨーロッパ全域をカバーする商慣習法ができ、私的な司法機関が生まれた。[10] グライフによれば、CRSが「自生的」に非人格的な法の支配に発展したケースは歴史的に一つもなく、司法的なメカニズムとの競争でCRSが敗れるという形で淘汰された。

グライフは、中世後期の商取引を支えたのは国家ではなく、こうした司法的な社団だったと論じている。しかしこうした制度は私的なレントに依存しているので、取引が広域化すると競争が激化してレントが少なくなる一方、債務不履行が増えて経営が困難になる。このとき、二つの経路があった。

一つはハンザ同盟のような商人ギルドで契約の有効性を守り、競争を制限してレントを守ることだ。これが極端になると、マフィアのように用心棒が犯罪をおかして「需要創出」を行なうようになる。もう一つは国家が公的に契約を担保するしくみだった。前者に依存したドイツやイタリアは経済統合が遅れ、後者をとったイギリスでは統一国家が早くからできた。

この分類でいえば、日本はドイツ・イタリア型だろう。大企業は事業部ごとにタコツボ化し、労働者の移動を制限する。こうした均衡はそれ自体としては部分最適なので、法の支配に自発的に移行することはむずかしい。これは部族社会では可能だが、数百万人が集まる「大きな社会」では困難なので、社会を中間集団に分割して知識を共有する必要がある。このように評判を共有する集団の原型が血縁集団である。

中国の宗族も日本のイエも、もとは血縁集団だったが、前者はかなり早い時期に形骸化し、機能集団になった[11]。これに対して日本では地縁に依存した共同体の性格が強いため、会社のような自発的結社でも長期雇用で固定的なメンバーシップを守っている。

評判は共有知識である必要はなく、たとえば経営者が全社員の行動を知っていればよいので、彼が目的を設定して責任も負うのが機能集団である。西洋のカンパニーや中国の「関係」は機能集団なので、情報も権限も経営者に集約され、利潤最大化という目的意識で行動できる。

これに対して、日本の企業では知識が全員に広く共有されているため、一人でも欠けると大きく効率が落ちる。外国人と一緒に仕事をして感じるのは、彼らは「命令されないと動かない」のに対して、日本人は「命令されるのをいやがる」ということだ。

外資系では経営者に情報と権限が集中しているので、部下は自分で考えない。意思決定はすべてトップが行ない、責任も負う。部下は命令されたことを実行するだけで、責任も負わない。これに対して日本では、最初に仕事の目的を全員が理解すると、あとは自発的に他人の行動を予想して仕事をする。

先験的にどっちがいいというわけではないが、今のように新興国との競争が激化してグローバル市場が大きく変化している有事では、日本のように全員が納得しないと動かない組織は意思決定が遅くなり、誰かが損する決定は先送りする傾向が強い。

日本的雇用がデフレを生んだ

このように共同体の自律性が強く紛争を抑止する構造は、稲作による「水社会」でさらに強められ、江戸時代の勤勉革命で労働集約的な成長を実現した。これが三百年ぐらい続いたことから、近代化した後も貧弱な資本で長時間労働によって高い品質を実現した。工場では一生同じ釜の飯を食う同僚が相互監視しているので情報の非対称性はなく、モラルハザードは起こりえない。

この特徴は、貧弱な装備を「大和魂」で補おうとした日本軍によくあらわれている。日本の技術がゼロ戦や戦艦大和のように部分最適に片寄る原因も、この勤勉革命にある。ゼロ戦は戦闘性能では世界一だったが、工程が名人芸に依存していたため量産できなかった。大和はほとんど芸術品だったが、航空戦時代には何の戦力にもならなかった。現場が勤勉で優秀なので、全体最適を考える戦略が軽視されるのだ。

この結果、日本企業はタコツボ組織の集合体になり、強いリーダーはきらわれる。全体を統括する経営戦略がなく、国際競争力のなくなった部門が切れず、グローバル化に対応できない。現場に権限を与えて個別の「ものづくり」の効率を高めた松下電器の分権的組織は、一時は世界の企業の手本だったが、今では日本の工業製品はゼロ戦のような部分最適になりつつある。

同質的な共同体は、社会の規模が大きくなって異質なメンバーが増えると維持が困難になるが、こういう場合に二つの考え方がある。一つは紛争を非人格的なルールにもとづいて司法的に解決すること、もう一つは異質なメンバーを排除して同質性や長期的関係を守ることだ。日本の組織は「場」に依存しているので、その継続性を守るために雇用を守ることが何よりも優先される。

これは必ずしも悪いことではなく、二〇〇八年の金融危機後の激しい経済の落ち込みの中でも、日本の失業率は最大でも五％程度で、今は四％まで下がった。欧米が一〇％近い失業率に悩んでいるのに比べると、このほうが短期的な社会的コストは小さいが、業績が悪化している中で雇用を守るためには、賃下げが必要になる。それが次の図４のように日本では起こっているのだ。

欧米の産業別労組では、賃金の下方硬直性があるので不況になると失業率が上がるが、日本は企業内労組なので、業績が悪くなると中高年の給料を下げたり、新卒の採用を中止したりして雇用を守る。その結果、図４のように名目賃金が一貫して下がっている。この結果、この十五年間にアメリカで

図4　名目賃金の日米欧比較

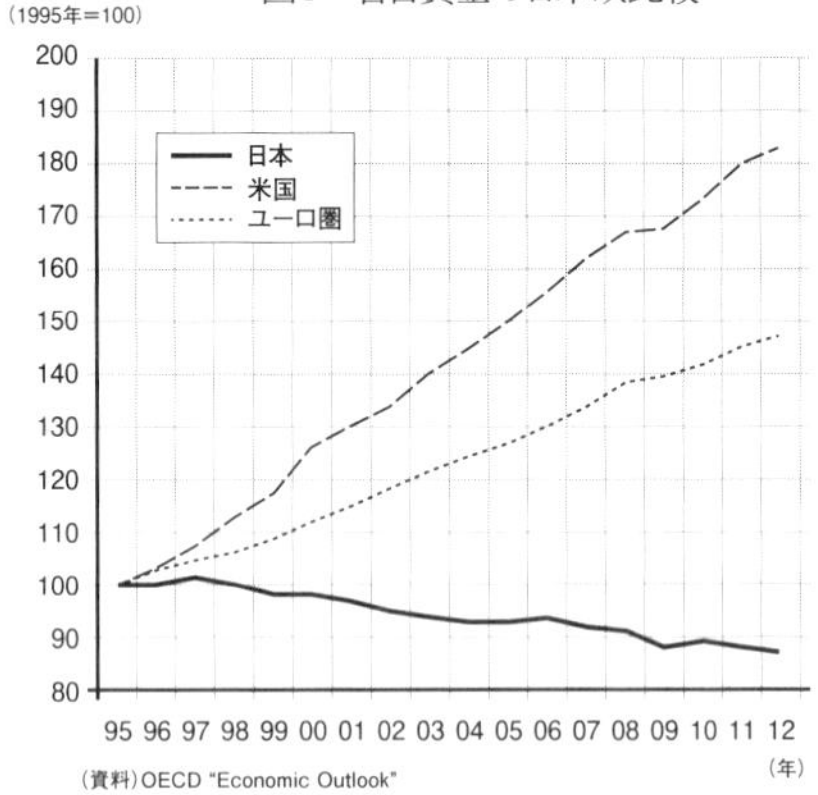

(資料)OECD "Economic Outlook"

は賃金が八〇%以上も上がったのに、日本では一〇%以上も下がった。これが日本だけでデフレの起きている原因である。[12]

九〇年代以降、新興国が世界市場に参入して、世界的な物価上昇率低下（disinflation）が始まった。特に中国に隣接している日本ではその影響が大きく、耐久消費財の価格は二十年でほぼ半分になった。「デフレ」といわれている現象の実態は、この相対価格の低下である。つまりデフレの根本原因は、価格が全世界で一物一価になる「大収斂」である。これは万有引力のような法則で、遅らせることはできるが避けることはできない。

欧米では、この大収斂への対応が雇用調整で行なわれる。賃金の高すぎる製造業でレイオフされた労働者が低賃金の流通業などに再就職するという形で賃金が下がるので、失業率が上がる代わりに労働力が再配置され、労働生産性も上がる。

これに対して日本では、正社員の雇用を守る代わりに五十代以上の中高年を賃下げし、新規採用を抑制し、新規採用は非正社員に切り替える。この結果、失業率は低いが、社内失業が温存されて労働力の再配置が遅れた。これが人材の流動化をさまたげて労働生産性を下げているのだ。これが日本経済の長期停滞の原因である。

年功序列の終焉

年功序列は儒教の「長幼の序」の影響だと思っている人が多いが、儒教の本場である中国にも台湾にも、年功序列はない。中国の科挙は、基本的に試験だけで昇進を決めるので、年齢不問である。韓国には日本以上にきびしい年功序列があるらしいが、日本のように入社の年次ではなく年齢による序列だという。

では日本の年功序列は、どこから生まれたのだろうか。笠谷和比古によれば、徳川幕府にも年功序列はなかったという。(13)武家の序列の基準は石高だったが、幕末には財政が苦しくなり、管理能力の高い下級武士が昇進するようになった。たとえば勘定奉行として日米修好通商条約を結んだ川路聖謨の家は、「御家人株」を買って武士になった町人だった。勝海舟の家も、無役の最下級武士だった。

このような能力主義を可能にしたのは、徳川吉宗のつくった足高《たしだか》制度だった。これは本来の石高とは別に、能力に応じた足高が加算され、形式上の序列（石高）とは別に、実質的な能力主義による俸給制度にするものだった。つまり年功序列は、家柄とは別の経験や功績による序列だったのである。

ところが明治時代に官僚制度ができたとき、高等官／判任官の身分制度や一五段階の俸給制度ができ、昇給は年次によるものと（非公式に）定められた。これが戦後も実質的に継承され、I種（戦前の高等官）は六級に編入され、「キャリア」と呼ばれる。

ただ戦前の年功序列はそれほど厳格ではなく、それに近い序列があったのは大蔵省だけで、内務省などはバラバラだった。これは政治任用が広く行なわれ、政治家と近い見解にある官僚が登用されることが多かったためだ。戦後は政治任用が廃止されたため、官僚の昇進は厳格に「＊年入省」で決まるようになった。

民間で「年功」という言葉を賃金制度について初めて使ったのは、氏原正治郎と藤田若雄の一九五一年の調査である。これは京浜工業地帯の大工場についてのもので、おおむね入社年次によって昇進と賃金が決まっていた。これは職工の「身分」に対応しており、たとえば二等工手は三等工手として三年以上実績のある者から選抜する、といった形で昇進したためである。

高度成長期には、企業が成長し、社員の年齢構成もピラミッド型になっていたので、大企業では自然に年功序列が形成されていった。このため日本のホワイトカラーの賃金は、年金・退職金などを含めればキャリアの後期に大きくかたよっており、若年労働者の賃金は限界生産力よりも低く中高年になってから逆転するため、労働者は企業に「貯金」していることになり、その大部分は中途退社によって失われる。

しかし最近では、五十代の労働者については賃下げが行なわれており、ここ十五年で五十代のサラリーマンの平均賃金は新入社員の三・三倍から二・五倍まで下がり、絶対額でも月額十三万円ぐらい下がった。おおむね四十歳前後が労働生産性のピークなので、確実に年功序列は解消に向かうだろう。もう終身雇用や年功序列の約束は守れないのだ。

これは言い換えると、日本のサラリーマンが雇用を守るために一種のワークシェアリングをしていることを意味する。中国との単位労働コストの差はまだ二倍近くあるので、これは必然的な「要素価格の均等化」であり、単純労働者の賃金は中国に近づいてゆくだろう。これによって世界全体では格差が縮小するが国内では格差が拡大する。

他方、労働組合が定率の賃上げ要求を行なうアメリカでは、経営側がその要求をのむ代わりにレイオフを行ない、労働者が低賃金のサービス業に移動する。つまり新興国との賃金調整という同じ問題に対して、価格調整（日本）と数量調整（アメリカ）という別の答を出しているわけで、どちらがよいとも言い切れない。

短期的な社会的コストは日本のほうが小さいが、過剰雇用が残って企業収益が上がらない。他方、アメリカでは失業率が高いが、生産性の低下した部門から成長部門に労働人口が移動し、労働生産性が上がる。日本の労働生産性はアメリカの七五％ぐらいで、この差が潜在成長率に影響している。

この間に日本の非正社員の比率はほぼ倍増し、世代間所得格差は拡大した。他方、アメリカでは「上位一％にGDPの二三％が集中する」という垂直格差が拡大した。つまり日本では「賃下げ→雇用維持→デフレ→世代間格差の拡大」という形で賃金調整が行なわれたのに対して、アメリカでは「賃上げ→失業→インフレ→垂直格差の拡大」というコースをたどったと考えることができる。

グローバル資本主義の試練

このように「空気」で統合されたタコツボ型組織は、巡航速度で運行しているときはいいが、組織の存亡の危機になると意思決定が機能しなくなる。資本市場は、こういうとき所有権を移転する「企業コントロールの市場」だが、日本では株式の持ち合いなどで資本市場の機能を封じてきたため、企業の新陳代謝が困難だ。

半導体産業でも、日本は一九八〇年代には世界の生産高の四〇％を占め、通商問題となって日米半導体協定が結ばれたりした。日本がアメリカを抜いた一九八〇年代初めの16KDRAMのころは、プロセスの大部分は手作業で、ウェハは一枚ずつピンセットで処理装置に脱着して箱に入れて搬送し、エッチングのときは人間が顕微鏡でミクロン単位の位置合わせをしたという。

こうした「半導体農業」といわれたような労働集約的な作業では、クリーンルームの管理やチームワークの微妙なすり合わせが歩留まりに大きな影響をもたらすが、一九八〇年代末の1MDRAM以降は、工程は自動化され、プロセス技術は製造装置に体化されて移転され、その組み合わせによって生産できるようになった。

こうした変化によって、独自技術をもたない韓国メーカーが日本メーカーを抜き、DRAMから撤退したアメリカのメーカーが研究開発に特化して工場をもたないファブレスになる一方で、製造はファウンドリとよばれる台湾などの製造専門の企業に委託するという変化が起き、製造技術の高度化では台湾が先頭に立った。

半導体産業が巨大化して生産個数が億単位になると、特定のデバイスに巨額の設備投資を集中し、世界中から注文を受けて高い設備稼働率を維持する必要がある（ファウンドリの損益分岐点は稼働率九〇％以上だといわれる）。

ところが日本メーカーには「総合電機メーカー」へのこだわりが強く、研究開発から製造までを広く浅く行なっているため、どの分野にも経営資源を集中できず、特にDRAMでは、各世代の初期には高いシェアを上げるが、技術が成熟して「モジュール化」し、水平分業によってグローバルな価格競争が始まると総崩れになるというパターンを繰り返した。[14]

最終的には、エルピーダメモリの破綻を最後に日本メーカーはＤＲＡＭから撤退し、システムＬＳＩのルネサスエレクトロニクスも事実上「国有化」されてしまった。二〇一二年春にルネサスの資金繰りが急悪化した際は、大株主の日立製作所、三菱電機、ＮＥＣに支援を要請したが、三社は増資を断り、このためメインバンクの仲介で外資系ファンド、ＫＫＲが一千億円の出資をする話が進んだ。ところが自動車用マイコンの発注者であるトヨタなどが「中国企業に事業売却されるのではないか」とか「足元を見て価格を大幅に引き上げるのではないか」などとしてＫＫＲへの売却に難色を示し、これを受けて革新機構が「救済」に乗り出した。

しかしこれは利益相反である。顧客としてのトヨタにとっては半導体を安く買うことが望ましいが、それは株主としてのトヨタの利益に反する。今までのように赤字受注を続けていると、企業としての存続が困難になる。発注元の大手機械メーカーのトップがルネサスの経営陣にいったとされる言葉は、いい指摘をしている。

あなたたちはいつまで下請けをやろうとするんですか。うちの社員があれも作ってくれ、これも作ってくれと言っているかもしれない。でも、なぜ「こちらには標準的なこのマイコンしかないから、このマイコンでお宅の製品を作ってくれ」と言えないんですか。[15]

これが日本の下請けメーカーの大きな問題である。タコツボ構造の中で利害調整するのは得意だが、外部との交渉で普遍的なプラットフォームを構築するのは苦手なので標準化の決断ができず、顧客のいいなりに細かくカスタマイズしてしまう。そうすると製品が「ガラパゴス化」して買い手独占になり、景気のいいときは高い値段で全量買ってくれるので楽だが、業績が悪化すると値切られやすい。

ゆるやかに状況が変化するときは、ガラパゴス的な長期的関係の中で調整するほうがコストが低いが、大きなショックが発生した場合には責任の所在をはっきりさせて資本家が命令で決める資本主義が合理的だ。今は既存の大企業をＫＫＲのようなファンドに売却し、資本の論理で再構築することが現実的だ。

それは世間の人が思っているほど苛酷な変化ではなく、ＫＫＲの手がけた物件は三〜五年後に再建されて再上場され、時価総額は二倍以上になり、雇用は増えている。雇用を増やすには企業が収益を上げるしかなく、ルネサスのような中途半端な形で延命していると、最後は倒産して雇用も失われるのである。

日本人の肖像――中内功

中内功（一九二二～二〇〇五）の人生は、戦時中からバブル崩壊までの日本の歴史を映している。戦時中の話で印象的なのは、飢餓線上をさまよって「敵の銃弾より隣で寝ている同僚が恐かった」という話だ[16]。寝ている間に殺して食われるかもしれないからだ。日本軍で食人行為が横行していたことは、彼と同じレイテ戦線に従軍した大岡昇平の『野火』に鮮烈に描かれている。レイテ戦線は、十万人の兵士のうち実に八万人が戦死するという悲惨な戦い（その半分以上は餓死）で、中内が「戦後の人生はオマケだ」と思ったのは当然だろう。

こうした「ゼロからの出発」が、彼の破天荒なバイタリティの源泉だった。ダイエーの創業した一九五七年は、まだ焼け跡の記憶も生々しく、「すき焼きを腹一杯食いたい」という中内の欲望が消費者の夢だった。貧しさの中から急速に立ち上がる大きな市場があり、それに応じて商品をいかに供給するかだけが問題だったので、中内の傍若無人な個性が生きたのだろう。

ダイエーの「価格破壊」には全国の小売店から攻撃が集中し、一九七三年には大店法（大規模小売店舗法）が制定されてスーパーの出店が困難になったが、このころまでにダイエーの急成長期は終わっていた。ＧＭＳと呼ばれる業態は、すでに全国の主要都市に出店し、新規出店はコンビニや「カテゴリーキラー」と呼ばれる郊外型のディスカウントストアに移行しており、この分野ではセブンイレブンで成功したイトーヨーカ堂に比べてダイエーの出遅れは明らかだった。

ダイエーの出店は強引で、地元対策はへただった。地元の商店街が「ダイエーで買った商品は修理しない」とか「取引銀行に一円の預金通帳をつくって引き出す」とかいう抵抗を続け、市街地への新規出店は事実上不可能になった。この結果、皮肉なことにダイエーの既存店舗が競争にさらされず、延命された。

ダイエーの業績は、中内の絶頂期だった一九八〇年ごろには翳りを見せており、「V革」と呼ばれる業務改革で持ち直したものの、中内が改革派を追い出して息子の潤を後継者にしたため、経営が総崩れになった。もともとダイエーの成功は、終戦直後に「火事場泥棒」的に大量出店した幸運によるもので、中内の経営手腕がすぐれていたわけではないが、本人がその錯覚に気づかず、市場が飽和してからも拡大戦略を止めなかった。

それでも八〇年代までは何とか回っているようにみえた。土地を担保にして巨額の借り入れを行ない、その資金で企業買収を行なって売り上げを拡大する冒険的な経営は、本業の赤字を固定資産の値上がり益で埋め、節税対策になる「マジック」ともいわれた。この時期のダイエーは、流通業というより巨大な不動産業者だった。

こうした強引な商法は、バブル崩壊ですべて潰えた。最終的に産業再生機構で処理されたのは二〇〇四年だが、それまでに主要な店舗や事業を売却し、最終的には中内の個人資産も没収された。これは実質的に債務超過になっていたということで、彼が一代で築いた富は一代ですべて失われたわけだ。

中内の経営がでたらめだったことは事実だが、こうした動物的なパッションが日本の高度成長を支えたのだ。必要なのは、それをコントロールする冷静なストラテジストと、その意見を聞き入れる柔軟性だろう。中内には「V革」を実現した河島博などのストラテジストがいたのに、彼らを追放して自滅してしまった。これは世襲を否定したホンダやソニーなどが生き延びたのとは対照的である。

第七章
平和のテクノロジー

今まで読んできた日本人論は、ステレオタイプといっていいほどよく似ているが、その原因はよくわからない。この問題をもっとも深く考えた丸山眞男も、「古層」の特徴がなぜ生まれたのかについては主題的に論じていない。これを「農耕民族だから」と説明することが多いが、農耕民という点では西洋も同じで、逆に日本人も縄文時代までは狩猟していたので遺伝的には差がない。

広義の人類の約二百万年の歴史のうち、新石器時代で定住が始まったのは一万年前のことにすぎない。いいかえると、すべての人間の脳内にはノマド（遊動民）としての本能があり、文化的な「古層」より深い層に、狩猟採集社会の「最古層」があって、それを抑圧して定住に適応していると考えることができる。本章では、こうした最古層にさかのぼって日本人の特殊な行動様式の原因を考える。

殺し合う人間

人間はもともと平和に暮らしていたが、文明によって戦争を起こすようになり、科学が発達して大量殺戮が行なわれるようになった。原子力は人間が科学技術を制御できなくなった時代の象徴だ——という通俗的な話は、一時流行した原発文明論でよく語られたが、それは逆である。人類は二百万年前から戦い続けてきたのだ。ピンカーは「文明の進歩で戦争や暴力が増えた」という悲観論に反論し、現代は歴史上もっとも平和で暴力の少ない時代だと論じている。(1)

一九九〇年代に、何人かの考古学者が遺跡から出てくる人骨の奇妙な特徴に気づいた。かなり多くの骨に、人為的につけたと見られる傷があるのだ。これは石で殴られた痕跡である。民族によって比率は違うが、人類全体で一五％程度、成人男子では二五％に及ぶ。先史時代の人類の最大の死因は、殺人だったのだ。(2)

これについては大論争があったが、考古学界ではその後も多くの証拠が発見され、世界共通の事実として認められている。遺跡からたくさん出てくる石器は、料理や木を削るのに使ったにしては多すぎる。その最大の用途は人間を殺す武器だったと推定される。そして食人も普通に行なわれていた証拠がある。

戦争は、人口が増えて食糧が稀少になるときは合理的な行動である。飢餓の恐怖は強烈な動機であり、他の個体群の人間は動物と同じだから、狩猟で動物を殺すことと他のグループの人間を殺すことの間に、それほど心理的な違いはなかったと思われる。

もちろん同じグループの中で殺し合ったら自滅してしまうので、戦争は小集団の間で行なわれた。農耕社会に移行する上では、こうした戦争を調停して大きな集団をつくることが重要だった。自然な状態の人類は平和で友好的だったのではなく、凶暴で攻撃的だったのだ。

戦争が激化した原因は、道具の発明だった。普通の動物が戦う方法は噛みつくことだけだが、石器で相手を殺せるようになると戦争の効率が上がる。しかも噛みつかれるだけなら反撃できるが、石器は一撃で殺せるので先手必勝になる。この非対称性が、先に殺さなければ殺されるという「安全のジレンマ」を生んだ。(3)

これはゲーム理論でいう囚人のジレンマで、ホッブズのいう「万人の万人に対する戦い」である。こういう「自然状態」で何が起こるかは、『リヴァイアサン』に描かれている。相手より少しでも強力に武装しようとする軍拡競争である。このジレンマを解決する手段が国家だった。

それは原初的には一つの集団が他の集団を征服してできたものと考えられるが、先制攻撃に対して確実に報復することを制度化し、互いに攻撃をやめる協調行動に誘導するわけだ。特に一万年前以降、定住生活に入ると、このような戦争の脅威にそなえる専門家集団ができる。これがダグラス・ノースなどのいう「自然国家」である(4)。

国家が生まれたのは武力には規模の経済性があるためで、それによって戦争の回数は減ったが規模は大きくなった。専門の軍隊や大量の武器が必要になり、兵站を維持する経済力が国家の興亡を決めるようになった。

一回かぎりの囚人のジレンマでは、ナッシュ均衡は裏切り(戦争)しかないが、前にも述べたようにゲームが繰り返されるときは確実に復讐することで協力(平和)を維持できる。このためには国家秩序を固定することが重要で、中国では専制国家、西洋では主権国家という形で権力を固定した。地方豪族の戦争を止めるために、彼らの既得権を守る法秩序や民主政治が生まれた。

しかし戦争で秩序が不安定化し、今の政権が長くもたないと思われるようになると、約束を守ることによる長期的な利益より裏切って得られる一時的な利益のほうが大きくなる。こういう乱世には、ノマドが登場するのである。

集団淘汰と平等主義

日本人にみられる平等主義や保守的な傾向を「農耕民族の伝統」という人がいるが、平等な分配を求め、他人に奉仕する人を好む感情は民族を超えて共通なので、「集団淘汰」によってすべての人間に遺伝的に備わったものだろう。

集団淘汰とは、個体レベルの淘汰だけではなく、個体群レベルでも生存競争があるという考え方で、多レベル淘汰とも呼ばれる。その考え方は、「個体群の中では利己的な個体が利他的な個体に勝つが、利他的な集団は利己的な集団に勝つ」というものだ。[5] 普通の生存競争では利己的な個体が勝つが、人類のように集団で生活する種では、個体が互いに争っている集団は他の集団との戦いで負けるので、利己主義を抑制して利他的に行動することを好む感情が埋め込まれているのだ。

類人猿では猿山のように大きな集団で定住する。これは外敵に対して集団で身を守るためで、蟻などの社会性昆虫と同じだ。これに対して人類は、数十人の小集団で移動しながら狩猟・採集を行なう特異な行動をとった。これは狼やライオンなどの捕食動物と共通の特徴である。それはおそらく、もっとも恐ろしい敵がほかの人間集団だったからだ。[6]

攻撃は最大の防御なので、他の集団を攻撃するには、小集団で敏捷に動くことが望ましい。この結果、人類は他の類人猿に比べてハイリスク・ハイリターンの環境で暮らさざるをえない。

集団の規模が小さいので、獲物が行き渡らないと餓死するから、必ず全員に分配する規範が必要になる。獲物を捕る能力には差があるが、それを独占する個人は他から攻撃され、グループから排除される。ニューギニアのある部族では、他人と争うことが多い者は「妖術師」とみなされ、集団リンチで殺される。狩猟能力の高い個人は決して能力を誇示せず、謙虚にふるまう。謙虚さが美徳とみなされるのも民族を超えた感情なので、おそらく遺伝的なものだろう(7)。

しかし人類が農耕社会に移行するにつれて階級が生まれ、こうした遺伝的な平等主義に反する秩序が構築される。ここでは外敵との闘いに勝つため、強い者に服従する秩序が強要されるが、これは原初的な平等主義を抑圧した社会である。このアンビバレンスがさまざまな権力への反抗や内乱を生んできた。

小集団の自律性が高く、平等主義で強いリーダーをきらう日本社会の特徴は、こうした狩猟時代の人類の遺伝的な感情が残っているものと考えることができる。農耕社会になって定住すると、戦争で国家の規模が拡大して階級分化が起こるのだが、平和になると小集団の自律性が高まり、内部抗争が起こる——という繰り返しで社会は進化してきたが、日本では平和な時期が圧倒的に長いため、小集団の自律性が高く統一国家ができないまま十九世紀まで来た。

偏狭な利他主義

集団淘汰のメカニズムは、シミュレーションで確かめられる。部族間の競争では利他的な個体からなる部族の団結力が強いので戦争に勝つので、利己主義を抑制する利他主義が遺伝的に備わっていると思われる。経済学の想定しているようなエゴイストだけからなる部族は、戦争に敗れて淘汰されてしまうので合理的ではない。

この推定は、現代に残っている未開社会で実証される。オーストラリアのアボリジニは四万五千年ぐらい前から孤立しているので、氷河期の行動が残っていると推定されるが、彼らの通過儀礼は四ヶ月も続き、その間に儀礼のない日は一日もない。これは子供を一人前の「戦士」として鍛える儀式で、割礼などの痛みに耐えた者だけが共同体のメンバーとして迎えられる。人々は儀礼の間ずっと踊り続け、合唱や演劇が行なわれる。

言語や音楽は、こうした儀礼のために生まれた。特に言語は、戦闘に際して敵味方をわける暗号として機能するため、それを習得することはきわめて重要だった。部族の規範に従わない者は容赦なく部族から追放され、それは死を意味した。実用的な目的のない音楽がすべての部族にあり、むしろ未開社会ほど激しく音楽や舞踏が使われることは、これが集団のために個人を犠牲にする儀式の道具だったことをうかがわせる。

宗教的な儀式が無駄なエネルギーを消費しているようにみえるのも、合理的に説明できる。贈与は共同体から出ると無駄になるサンクコストとして個人を縛りつけるしくみであり、複雑で苦痛をともなう儀式も同様の参入障壁（＝退出障壁）だと考えることができる。(8) 人々がサンクコストを意識するバイアスもおそらく遺伝的なもので、音楽や芸術のような無駄なものが好きなのもこのためかもしれない。

氷河期の特徴を残す未開社会は非常に平等主義で、指導者も序列もなく、共同体のメンバー全員が儀式を行なうので宗教的な組織もない。時おり強いリーダーが出てくると集団から追放され、殺されることもある。利己的な個体が利他的な部族を乗っ取ることを防ぐためだ。しかし農耕社会になると、大集団で定住するために国家によって戦争を抑止するシステムができ、一神教や階級社会が生まれた。

こうした平等主義は、ゲーム理論で説明できる。集団淘汰によって協力を好む感情が共有されていれば、協力が成立する確率は高くなるが、遺伝的な利他主義が有効なのは数十人ぐらいの小集団までで、農耕社会のような「大きな社会」ではフリーライダーが有利になり、秩序が崩壊してしまう。

このような社会で裏切り者を排除するメカニズムとして考えられるのが「偏狭な利他主義」である。単純な利他主義は利己主義に食い物にされるが、集団間の競争が激しいときは、他の集団には敵対し同じ集団の中では協力的に行動する偏狭な利他主義が優位になる。

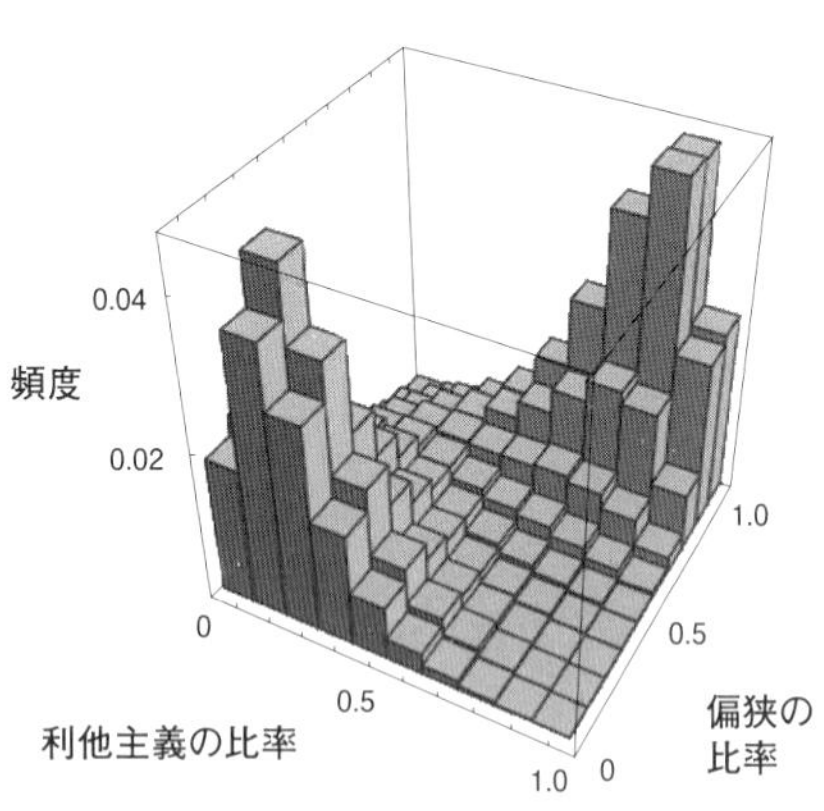

図5　偏狭な利他主義

利他主義が利己主義より有利になるのは、集団が敵対して集団内の競争が少ないときである。集団が敵対していると戦争が起きやすいが、集団内でも競争が強いと内紛が起きて戦争に負ける。だから集団内では平等主義のほうが戦争に強いが、戦争が増えると偏狭な利他主義が有利になる……というループが発生し、団結力の強い利他主義が利己主義を圧倒してしまう。

他方、集団の相互作用が多く集団内の競争が激しいときは、「寛容な利己主義」が強くなる。利己的な個体は利他的な個体を食い物にして他の集団に移ることができるので、裏切りが有利になり、利他的な個体は絶滅する。図5のように利得の高いエージェントを増やす数万世代のシミュレーションを行なうと、偏狭な利他主義（右上）と寛容な利己主義（左下）が残る。[9]

右上の均衡は山岸俊男の明らかにした「赤の他人は疑うが身内は信用する」という日本人の行動様式をうまく説明しているようにみえる。他方、左下は新古典派経済学の想定するホモ・エコノミクスで、両者は複数均衡になっている。その間には（頻度の低い）鞍点があるので、一つの均衡から別の均衡に移行することはむずかしい。

普通は社会が大規模化するにつれて人的交流が増えて部族社会が崩壊し、右上の利他的な社会から左下の利己的な社会に移行する（この点は西洋も中国も同じ）のだが、日本人は村の自律性を守りながら村の間で取引を行なうシステムを編み出し、近代になっても偏狭な利他主義を維持してきた。これは対外的な戦争で小集団が全面的に破壊されたことがないためだろう。

戦争が国家を生んだ

このように人間は歴史の大部分で戦い続けてきたので、その戦争の形が国家の形を決めた、とフランシス・フクヤマはいう。[10] 彼によれば史上最初の「近代国家」は、紀元前三世紀の秦である。五百五十年に及ぶ春秋戦国時代の戦乱に終止符を打ち、世界最初の中央集権国家を建設したのが秦の始皇帝だった。それはローカルな部族社会や都市国家の城壁を破壊し、郡県制で統治する最初の国家であり、西洋で同じような国家ができたのは十八世紀後半だった。この意味で政治と経済をワンセットにした「近代」という言葉はミスリーディングである。

近代の国家論の出発点は、「国家が市民社会を止揚する」というヘーゲル法哲学の図式である。マルクスはそれを唯物論的に「転倒」したが、市民社会の矛盾をプロレタリアートが止揚する図式は同じで、彼も「土台が上部構造を規定する」と述べて経済的な必然性によって国家やイデオロギーが生み出されると考え、これが今日に至るまで社会科学の常識だった。新古典派経済学でさえ、政府は「市場が失敗」したとき、それを補正するものとして出てくるにすぎない。

しかしこの関係は逆だ、とフクヤマはいう。[11] 政治的に安定した国家がないと、商取引はできない。原初の部族社会では、人々は絶え間なく戦争を繰り返していたので、人々は日常的に飢えに直面していた。戦争を抑止する装置としての国家によって、初めて経済成長は可能になったのだから、むしろ国家という土台の上に経済という上部構造が生まれたのである。

しかし国家は、むき出しの暴力だけでは維持できない。秦では皇帝が中国全体の統治者となり、集権的な軍と官僚制と全国的な徴税制度をもっていたが、それを正統化する精神的権威を欠いていた。万里の長城などの巨大土木工事が民衆の負担になり、始皇帝が解体した地方豪族の不満も強かったため、彼が死去するとまた内乱が起こり、秦はわずか十四年で滅亡した。

同じような国家が西洋に生まれたのも、戦争が原因だった。ヨーロッパでは、ローマ帝国が崩壊してからというもの「平和とはごく稀な現象でしかなかった」。[12] 特に中世末期から各地で続いた戦争で伝統的な部族社会は完全に破壊され、多様な民族が領土や宗教をめぐって互いに戦う状況が四百年以上つづいたが、中国のような統一国家はできなかった。

ヨーロッパで皇帝の代わりに全域を統一したのは、キリスト教だった。ここでは中国とは逆に軍事的な混乱が続く一方で、キリスト教の精神的権威はヨーロッパ全域で高まり、ローカルな政治権力を超えた普遍的な教会法が法の支配のモデルとなった。ヨーロッパの封建制は中国とは異なって領主と農民の契約による法的支配であり、その契約の正統性を支えたのがキリスト教の権威だった。教会は株式会社などの近代的組織のモデルともなった。

西洋で近代国家ができたのは中国より二千年近く遅かったが、それはよくも悪くも中国のような中央集権国家を欠き、各国の軍事力の均衡で秩序を維持するシステムだった。近代国家ができてからも戦争は絶え間なく続き、こうした制度間競争を通じて権力者が法律に従う法の支配が確立した。それが人々の流動性を高め、技術的・制度的なイノベーションを促進して、西洋世界の生産性が飛躍的に高まる「大分岐」が起こったのである。

このようにみると、二万年前に大陸から切り離されて大きな戦争を体験してこなかったことが、日本の「国のかたち」に決定的な影響を与えたことがわかる。そこでは何百年も平和が続いたため、戦争のために暴力装置を独占して人々を指揮する国家は必要なく、日常業務は下部に委譲され、分権化する。それが民主政治である。この意味で、日本は古代から独特の日本型デモクラシーだったといえよう。

平和な国では民主政治が育つというのは、世界的にもみられる。相対的に平和だったイギリスで陪審員とコモンローによる司法中心の政治システムができ、国王の権限が民主政治で封建領主に委譲されたのに対して、戦争の多かった大陸では中央集権的な市民法が発達した。これは国王の権力を分散すると戦争に負けるからだ(13)。

この意味でイギリスの立憲君主政は天皇制に似ており、日本だけが特異というわけではない。ただイギリスでは法の支配という形で普遍的なルールにもとづく国家が実現したのに対して、日本ではそういう集権的支配が成立せず、古代から継承された地縁集団の安定性が高かった。

「無縁」とノマド

しかし人類の「最古層」には、狩猟採集社会のノマドの遺伝子がある。それに注目したのが網野善彦だった。彼はかつて共産党員で、山村工作隊も指揮した「武闘派」だったが、その活動に疑問を感じて一九五三年に離党した。この時期の体験を彼はほとんど書いていないが、思想形成に大きな影響を与えたことは間違いない（晩年には山村工作隊の思い出話をしきりにしていたという）。彼が柳田国男の常民に対して漁民や商人などの非定住民の存在を強調したのも、彼らに既存の秩序をくつがえす民衆のイメージを重ねたものと思われる。

こうした非定住民を無縁という言葉で史料から探り出したのが『無縁・公界・楽』（一九七八）である。駆け込み寺のように「縁を切る」ことは、共同体から追放されると同時に、その束縛から逃れる「自由」の意味をもっていた。「楽市楽座」などの商業も、自由な空間としての「公界」であり、これを西洋のアジールに重ね、共同体から脱出した民衆のエネルギーが都市に集まって近代化をもたらした。ここには農民が「封建社会」の束縛から逃れるというマルクス主義のイメージがあるが、日本で自由な都市が育たなかったことは間違いない。

農本主義が定着したのは、百姓という言葉の誤解にも原因がある。明治以後、「百姓」や「水呑」

が蔑称とされて「農民」といい換えることが慣例になったため、近代以前の史料に出てくる「百姓」も農民と解釈されるようになったのだ。実際には、百姓は文字どおり「いろいろな民衆」であり、近代以前の農村は自給自足の均質な農耕共同体ではなく、商人や職人などの多様な人々が村落の境界を超えて行き交う複合的な社会であり、女性も養蚕などにたずさわる生産者だった。

ただ「農民は人口の半分以下だった」という網野の推定は疑問がある。一八七〇年でさえ農林業従事者の比率は七三％であり、江戸時代以前にそれより低いはずがない。日本が数千年にわたって農業国だったという事実は変わらないが、逆にいうと三割ぐらいはノマドがいたわけで、こうした人々が（武士を除いて）歴史にほとんど残っていないというのは確かにおかしい。それを発掘したのが網野の業績だった。

こうした非定住民は少数派なのだが、歴史の転換点には悪党として登場する。網野は『異形の王権』では、悪党を駆使して室町幕府と闘う後醍醐天皇を描いた。こうした彼の研究は、日本の学界では長く異端だったが、最近になって日本の「社会史」研究の先駆として評価されるようになった。

日本が古来から天皇家に支配される「単一民族国家」だという神話は、明治以後につくられた「富国強兵」のための農本主義イデオロギーであり、戦後の企業が「農村型」の組織を維持する上でも大きな役割を果たした。「侵略の歴史がない」というのもおかしい。東北より北には「蝦夷」がいたから征夷大将軍という官位があったので、日本の歴史はヤマト王権が全国を侵略する過程だったともいえる。

また日本列島は大陸から「海で隔てられてきた」わけではなく、荷物の主な搬送路はむしろ海であり、「日本海」は大陸と日本を結ぶ回廊だった。「日の本」という国名が中国大陸から見たものであることにも見られるように、日本は古来から中国大陸や朝鮮半島と強い依存関係にあり、むしろその混合物だといってもよい。

「日本」という国号や「天皇」という称号は七世紀につくられたものであり、古代の日本を「大和朝廷」によって統一された国家として描くのは誤りである。明治時代までは、一般庶民が「日本」という言葉を用いることはほとんどなく、クニといえば郷里のことだった。また十世紀には平将門が「新皇」を名乗って日本国から一時的に独立したように、天皇家の支配は東国には形式的にしか及んでいなかった。

晩年の網野は、このように日本という国家の存在も疑い、紋切り型の「日本人論」を批判した。これは歴史学的にいえば正しいのだろうが、相対的には先進国の中で日本人ほど多くの国民が長期にわたって他国の軍事的脅威から隔離されてきた例はなく、「平和で均質」というのは大きく間違っていない。隣の朝鮮半島の悲惨な歴史と比べただけでも、その違いは明らかだ。

飛礫の暴力性

網野が関心をもっていたのは、マルクスがザスーリチへの手紙で書いたような農耕社会以前の原始共同体で、そこには保守的な農民を超えた原初的な人間がいたのではないか、と考えていた。日本が「封建遺制」を抱え込んだ遅れた社会であり、それを「近代化」することによって進歩するのだ、というマルクス主義の発想は、左翼だけではなく「近代主義」と呼ばれる人々にも広く共有されてきた戦後日本の常識だった。それを乗り超えようとした網野がノマドに注目したのは、最近の考古学の知見と一致する部分がある。定住時代は一万年前ぐらいからであり、広義の人類の二百万年の歴史の中では一％以下だから、遺伝子にはほとんど影響を与えていない。人間の脳の最古の層はノマドなのだ。

網野が日本の歴史学界の「農本主義史観」を批判して、漁民や商人や職人などの非定住民の生活を描いたことはよく知られているが、ここにはもう一つの注目すべき発想が書かれている。それは彼のデビュー作『蒙古襲来』から続く、飛礫《つぶて》についての論考である。「中世の飛礫について」という論文で、彼は中世の文献を渉猟し、おびただしい飛礫についての記録があることを見出し、こう書く。

鎌倉末・南北朝期には、悪党・悪僧的、非人的な武力として、飛礫はサイ棒・走木などとともに歴史の本舞台で縦横に飛んでいたのである。それは後年、戦国大名に組織され、その武力として駆使された飛礫よりも、むしろ一揆・打ちこわしの飛礫につながるゲリラ的な武器であった。(14)

網野の甥である中沢新一によれば、網野が飛礫に興味をもったきっかけは、佐世保闘争で三派全学連が機動隊に向かって投石しているのを見て、子供のころやった石投げ合戦を思い出したことだという。子供が川の両岸に並んで激しく石を投げ合う行事が毎年五月にあったが、それは中世から受け継がれた通過儀礼だったのだ。(15)

これは「空気を読んで平和を好む」という日本人についての農本主義的イメージとは違い、日本社会の主流になったこともない。しかし時代の転換点には、こうした暴力への衝動が歴史の方向を変えることがある。網野はそういう「異形の」存在の代表として後醍醐天皇を描いた。

後醍醐の行なった建武の新政は、形骸化していた官衙（官僚機構）を再建し、天皇が実質的な権力を握ろうとするものだったが、わずか三年で崩壊し、南北朝（後醍醐は南朝）の混乱が六十年続いた。これは普通の日本史では、鎌倉時代と室町時代の幕間劇にすぎないが、網野は後醍醐が楠木正成などの悪党や非人を動員して北朝と戦ったことを指摘し、「後醍醐は、非人を動員し、セックスそのものの力を王権強化に用いることを通して、日本社会の深部に天皇を突き刺した」と述べる。

後醍醐の政治は、日本史の中では「異形」だが、中国では皇帝が権力を直接掌握して官僚機構を動かすのは当たり前だ。日本では天皇は名目的な君主であり、実質的な権力をもつのは武士だったが、それでも後醍醐が軍事的に圧倒的に優勢な北朝に対して六十年も戦うことができたのは、彼を支える悪党や非人が日本社会の「深部に突き刺さった力」を体現し、経済的にも大きな力をもっていたからだろう。

このような「中国化」のエネルギーの源泉が、中沢もいうように「日常生活の底が抜けた」とき垣間見える暴力への衝動だとすれば、それは「古層」よりも古いかもしれない。人類は歴史の圧倒的大部分において狩猟採集生活を送ってきたのだから、その遺伝子に組み込まれているのは、農民ではなく自由を求めるノマドの感情なのだ。

古層と最古層

自然国家がそのまま集合して大規模化したのが専制国家で、歴史上ほとんどの「大きな社会」は専制国家である。これは中国に固有の制度ではなく、多くの国で二十世紀まで王政が残っていた。暴力を抑制するために国王や皇帝が武力を独占して治安を守ると同時に対外的な戦争を行なうのは、いちばん自然な制度である。

他方、多くの自然国家が分立した西洋では、都市国家の連合体として広域の国家が形成され、ローマ帝国の崩壊以後、長期にわたって戦争が繰り返され、平和な時期がほとんどなかった。この一つの原因は、地形が複雑で広域的な農業が成立しなかったため、中国のような大規模灌漑の必要がなかったことだ。

戦争を減らすには人々の精神的な統合が必要だが、その方法は文明圏によって違う。東洋では皇帝が物的・精神的な権威を独占する（したがって言論は弾圧する）ことで社会を安定させているが、西洋では国家権力が分立する一方、宗教的な権威はカトリック教会に一元化され、教会法が全域の普遍的な規範となった。

日本が特異なのは、このどちらの類型でもないことだ。小規模な農耕集団（ムラ）が地域的な自然国家（クニ）になったところまでは同じだが、それが中国のように大規模に成長することもなく、西洋のように激しく戦争することもなく、ゆるやかに連合して武装し、その形式的な中心として天皇という（中国をまねた）制度をつくった。しかしその実態は中国の皇帝とはまったく違うものだった。

こういう文明圏は日本だけではなく、アジアの多くの国には近代に至るまで古代的な共同体が残っていた。しかし日本の特徴は、朝鮮半島のように中国の属国になるほど近くなく、逆にフィリピンやインドネシアのように中国の影響を受けないほど遠くない「絶妙の距離」（丸山）にいたため、世界最先端の中国文明を輸入しながらその支配をまぬがれたことだ。

結果として日本は大きな戦争を知らないまま近代化し、その「平和ボケ」の体質が今も残っている。民族が絶滅されるとか他民族の植民地にされる苛酷な体験を知らないため、国全体を守るリーダーが生まれず、ローカルな「部落の平和」が最優先され、その利害調整の結果として国家の政策が決まる。西洋でも中国でも、自然発生的な「古層」の上に意識的な権力機構が構築されたのだが、日本では何となく強い大名が勝つという形で事実上の権力者が決まり、江戸時代まで全国の支配者がいなかった。

形の上では明治以降、西洋の法治国家が輸入されたのだが、これが日本人の体質とあまり合わない大陸法だったため、いまだに契約とか権利の概念が希薄だ。企業のコアも雇用契約ではなく「うちの会社」を中心とする長期的関係で、政治家は派閥のことをムラと呼ぶ。つまり日本人の規範は、丸山やレヴィ＝ストロースの地層モデルでいうと、

- 表層……法律（論理）
- 古層……長期的関係（慣習）
- 最古層……集団淘汰（遺伝）

という三層構造で秩序が維持されていると考えることができる。これをカーネマンの二層モデルと

比較すると、表層が「システム2」、古層と最古層が「システム1」に対応する。[16] 各層の区別はそれほど明確ではなく、表層の論理が意識の底に沈澱して古層の慣習になることや、逆に古層の慣習が表層の論理で修正されることもあるが、最古層は遺伝的に固定されているので変わらない。

宗教を求める感情は、少なくとも部分的には遺伝的なものだろう。もちろん特定の宗教が遺伝するわけではなく、何かを信じる感情が共有されていると考えられる。この感情は、おそらく一万年前までの氷河期に形成されたもので、狩猟民が小集団で移動しながら戦争を繰り返している中で、集団のために個人を犠牲にする洗脳の装置として宗教ができたものと思われる。

なぜ「古層」は変わらないのか

こういう構造は日本だけではないが、相対的に表層の拘束力が弱く古層の安定性が強いため、最古層の感情が意思決定に反映されることが多いのが日本の特徴である。そこでは戦争に勝つために強い指導者を選ぶのではなく、戦争を抑止するために集団内の「和」を重んじる。強いリーダーが出てこないように集団をタコツボ型のサブシステムに細分化し、全体を統括する地位には天皇のような名目的なリーダーを置いてまつり上げる。

こういう特殊な構造が続いてきたのは、日本人が異例に平和な国だったためだろう。狩猟社会が農耕社会になって大きな社会を組織するとき、普通の文明では中央集権的な強い権力者が出てきて対外的な戦争を指揮し、国家を組織するために宗教ができる。特に専制君主の権威を守るために、巨大な神殿や偶像をつくり、広範囲の地域で共通の価値体系をもつ宗教が制度化される。国家間の戦争が続いたヨーロッパでは、民族を超えて共有される普遍的な価値観としてキリスト教が普及した。ところが日本では広い地域を統合する価値体系の必要がなかったため、普遍的な宗教ができず、世俗的な権力と未分化な天皇という擬似的な神ができた。海外からの侵略もないため、国家を統一する皇帝や唯一神などの絶対的な価値体系の必要がなく、身近な呪物の「臨在感」でコミュニティを統合する簡単な信仰体系でよかった、というのが山本七平の見方である。

梅棹の生態史観も、戦争の有無によって中国と日本の社会の違いが生じたという見方である。丸山は「古層」の独特な構造が何に起因するかについては系統的に述べていないが、長い平和の中で古代的な特殊主義が温存され、徳川幕府がそれを制度的に固定したことが原因だと考えていたようだ。

平等主義的でコンセンサスが求められ、強いリーダーの出てこない日本社会の特徴は、遺伝的に形成された平等主義に根ざしている。このようにプリミティブな平等主義は、先進国では他に類を見ないが、途上国ではよくある。

たとえばノーベル平和賞を受賞したグラミン銀行は、日本の「頼母子講」とよく似た相互扶助システムで、多くの途上国でも金融は同様のシステムで維持されている。債務は共同体の中で連帯責任をもち、運悪く不作だった人には融資して助け合い、金を返さなかった人は村から追放するというしくみは世界共通である。

この日本型デモクラシーは何度も戦争や貿易によって危機に瀕したのだが、それを乗り超えて十九世紀末まで続いてきた。後醍醐天皇や織田信長のような中国的君主は日本では長続きせず、徳川家康的な調整型リーダーがつねに勝った。さらに長期にわたってタコツボ型システムを固定したため、システム１の同調圧力が強まったものと思われる。それは長い平和によって人々に広く定着し、それによってローカルな秩序を維持する「平和のテクノロジー」なのである。

日本人の肖像――昭和天皇

『昭和天皇独白録』は、昭和天皇（一九〇一～一九八九）の肉声が伝わる数少ない史料である。最初、出てきたときはその信憑性が疑われたが、現在では本物とされている。これは東京裁判で天皇が被告になったときにそなえて側近が記録したメモという見方が一般的だが、実際には天皇は訴追されなかったので一九九一年まで公表されなかった。

この独白録のほとんどは、日米開戦から終戦までの意思決定について天皇がどう関与したかで占められている。これが裁判で天皇の戦争責任を問う場合の最重要な事実関係だからだろう。特に開戦については、天皇は何とかして回避しようと努力したが、陸軍の強硬論に勝てなかったというストーリーになっている。

その伏線として重要なのが、一九二八年の張作霖爆殺事件の処理だ。このとき田中義一内閣は当初、首謀者である河本大作大佐を軍法会議で処罰するとしていたが、閣議で反対論が出たという理由で、問題をうやむやにすまそうとした。これに対して天皇は田中に対して「それでは前と話が違ふではないか、辞表を出してはどうかと強い語気で云つた」ため、田中内閣は総辞職した、と書いている。

この事件をきっかけにして、天皇は立憲君主制で認められている「ベトー」（拒否権）を封印してしまったため、開戦も止めることができなかった、というのが彼の弁明である。しかし古川隆久『昭和天皇』によれば、彼が「辞表を出してはどうか」と言った形跡はなく、田中内閣の総辞職で天皇が批判された事実もない。これは多分に自分の君主としての権限を弱く見せようという意図による脚色と思われる。

天皇が戦争を避けようとした証拠として有名なのが、一九四一年九月六日の御前会議のエピソードである。このとき近衛内閣の出した「帝国国策遂行要領」は実質的に対米開戦の準備を開始するものだったが、これに対して天皇は明治天皇の御製を読み上げた。

四方の海みなはらからと思ふ世に
など波風のたちさはぐらむ

これを聞いて会議は凍りついたといわれるが、結局、原案は了承された。このとき天皇が近衛に「話が違うではないか、辞表を出してはどうか」といったら、どうなっただろうか。近衛が辞任しても、東條英機が首相になっただけかもしれない。天皇が独白録でいうように「クーデタ」のリスクもあっただろう。しかし開戦を止めることができなかった責任はまぬがれない。

もう一つの失敗は、近衛内閣が倒れたあと、東條を首相にしたことだ。独白録では「この男なら陸軍を抑えて順調に事を運んでゆくだろう」と書いている。天皇は近衛や松岡洋右を酷評しているのに対して、意外なほど東條に好意的だ。東條も天皇を敬愛しており、その誠意を信用したのかも知れないが、これが致命的な間違いだった。東條は結局、天皇ではなく陸軍の「空気」に従ったのだ。

「開戦は不可避だったが、終戦は自分が決めた」というのが、この独白録のメッセージだが、これについても疑問がある。一九四五年二月、米軍のフィリピン上陸を前にして天皇は重臣と面会し、この中で近衛は早期終戦を主張した。これは近衛上奏文として残されているが、天皇は「もう一度、戦果を上げてからでないと話はむずかしい」とこれを拒否した。この経緯は、独白録ではまったくふれられていない。

ただ原爆投下とソ連の参戦を受けて開かれた八月九日の御前会議で、天皇がポツダム宣言受諾の「聖断」を下したことは事実である。このときは御前会議で賛否同数だったため、天皇が「議長決裁」として東郷外相の案を採択したもので、逆の判断は現実にありえなかっただろう。

その理由として独白録では、「このままでは日本民族は滅びてしまう」という理由と並んで「敵が伊勢湾付近に上陸すれば、伊勢神宮の三種の神器が奪われる」と書かれているのが印象的である。天皇にとっては天皇家の存続が重要で、重臣のいう「国体」にはあまりこだわっていなかったようだ。むしろ実質的な権限がないのに責任だけ重い地位には、あまり未練がなかったのではないか。

結論としては、戦争責任はあったといわざるをえない。天皇は公式には一度もそれにふれたことはないが、戦後マッカーサーとの会談で責任を認めたとされている。しかし彼をそういう状況に追い込んだのは、天皇の権力を形式には極大化しながら実質には極小化した、奇妙な憲法の生み出したひずみだった。

同じようなひずみは新憲法にもあることが、政権交代でわかってきた。それは戦後の占領下に急いでつくったことによる「バグ」だが、明治憲法の欠陥は藩閥政治の実権を守るための「仕様」だったというのが片山杜秀の見立てである[17]。これが事実だとすると、昭和天皇は西洋的な建て前と日本的な藩閥政治の矛盾の生んだ悲劇であり、まさに日本の象徴ともいえる。

第八章

日本型デモクラシーの終わり

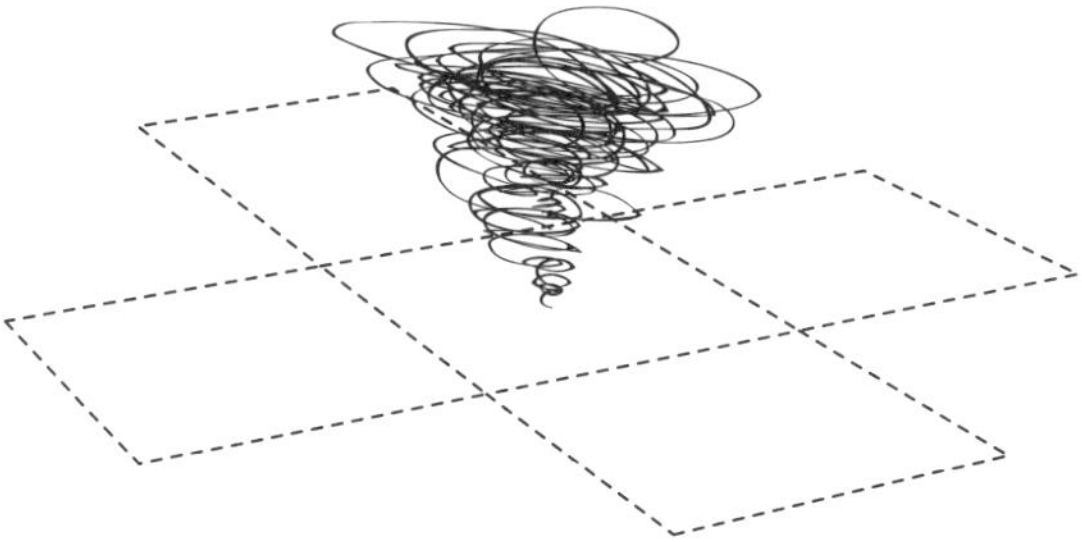

日本では古代以来の「古層」が破壊されないまま、その上に武士のエートスが上書きされ、近代化によって西洋文化が重なってきた。多くの人が一致して指摘するその特徴は、タコツボ的な中間集団の自律性が強く、全体を統括するリーダーが弱い日本型デモクラシーである。それが世界にもまれな日本の長い平和を実現し、また平和によって補強されてきたことが日本人の特異な国民性の原因だろう。

しかし、この「一国平和主義」は、グローバル化の挑戦を受けている。その構造を変えることは容易ではないが、その表現形式を変えることは不可能ではない。天皇は不動だが、その代理人は摂政、関白、将軍、首相などと名を変えてきた。丸山眞男が努力したのも、「古層」を自覚することによってそれを変えることだった。本章では最後に、日本人の意思決定システムを変えることは可能なのか、またそれは望ましいことなのかを考える。

空虚な中心

東京の上空を夜、ヘリコプターで飛ぶと、まぶしいほど明るい都心に、ブラックホールのように真っ黒な空間が広がっている。皇居である。ロラン・バルトは、この空虚な中心が日本の社会を象徴していると述べた。

わたしの語ろうとしている都市（東京）は、次のような貴重な逆説、《いかにもこの都市は中心をもっている。だが、その中心は空虚である》という逆説を示してくれる。禁域であって、しかも同時にどうでもいい場所、緑に蔽われ、お濠によって防禦されていて、文字通り誰からも見られることのない皇帝の住む御所、そのまわりをこの都市の全体がめぐっている。[1]

明治憲法では、天皇が建て前上は最高意思決定をすることになっているが、実際にはほとんど決定権はなかった。大臣は各省庁を統括して天皇を「輔弼」する職務で、それを統括する内閣は憲法上の機関ではなかった。内閣総理大臣は閣議の議長のようなものでしかなく、議員から選ぶわけでもない。憲法では枢密院が天皇の最高諮問機関ということになっていて、その議長と首相のどっちが偉いのかわからない。

だから首相の権威もなくて、陸軍大臣が辞めると内閣が総辞職しなければいけない。さらに致命的な欠陥は、軍の統帥権が天皇にあるため、文民統制がきかなかったことだ。国家権力の中心に大きな空白があり、この空白を埋める調整機能の所在は時代とともに変化した。明治期には、この中枢に伊藤博文や山県有朋などの元老がいて、山県は二十年以上にわたって「キングメーカー」として君臨した。

山県にとっての至上命令は、列強による侵略の脅威にさらされている日本が生き残るために軍備を増強することで、そのためには軍人や文官などの専門家に権力を集中する必要があった。このため腐敗した政治家が利益誘導によって官僚機構に干渉する議会を嫌悪し、議会からも軍閥の親玉として攻撃された。

このように名目上の元首（天皇）と実質的な権力者（元老）がわかれる日本型デモクラシーは、法律に制約されないで柔軟に動ける一方、問題が起きても責任の所在が不明になり、権力者が非公式の人脈を利用して暴走するリスクがある。山県が軍を統括していたころまでは、彼の求心力がシステムを支えていたのだが、彼がいなくなると元老は機能しなくなった。

元老に代わって空白を埋めたのは、政党だった。大正期には、官庁の主要ポストは政治任用で、官僚出身者が政治家になって政策を立案するようになり、政党が立法と行政を仲介して調整する機能をもつようになった。しかし二大政党は権力維持のために高級官僚ポストを独占し、財界との関係を強めて腐敗がひどくなった(2)。昭和期に入って不況に突入すると、国民不在の政争を続ける政治家への不満が官僚にも強まった。岸信介などの革新官僚は軍部と手を結び、商工省を乗っ取って「軍需省」とし、中枢機能を「企画院」に集中した。

政党も、政権をとるために軍部に迎合するようになった。戦時体制は、岸の信奉する北一輝の理想とした軍の支配による国家社会主義を実現するものだった。軍は「統帥権の独立」によって議会に制約されなかったため、いつの間にか本来の権力機構の外にあった軍部が権力の中枢になり、他の国家機構を食いつぶし、その暴走は止まらなくなった。

この中心なき官庁セクショナリズムは戦後も続いたが、高度成長期には大蔵省の予算配分機能が空白を埋めた。しかし予算が増え続ける高度成長期が終わると、各省庁の配分が固定化して、大蔵省の裁量の余地は少なくなった。そして九〇年代には、不良債権処理の失敗で、大蔵省の威信は低下し、金融機能を切り離されて「財務省」に格下げされた。

岸に連なる国家社会主義は、通産省の統制派として残ったが、総合調整機能は失った。通産省には、白洲次郎（初代の貿易庁長官）の流れを汲む国際派もあったが、昔から「平家・海軍・国際派」といわれるように主流にはなれなかった。この対立は「ターゲティング派」と「フレームワーク派」の対立として、その後も残ったが、後者は村上世彰（元村上ファンド代表）にみられるようにパージされた。

だから中心は今も空虚なままで、むしろブラックホールは広がっている。かつての自民党では、派閥のボスが元老の役割を果たし、族議員にもボスがいて、たとえば郵政族なら野中広務に話を通せばOKだったが、今ではそういうボスが（よくも悪くも）いなくなった。最近では、衆参の「ねじれ」によって民主党までコンセンサスを広げなければならないため、政策は全員一致でないと承認されなくなり、政治は完全に止まってしまった。

天皇というブラックホールは、千年以上も続いてきた構造だ。武士が政権を取った後も、彼らは天皇の「臣下」であり、明治維新も天皇の代理人と称する下級武士による「復古」だった。この空虚な中心を「私が埋める」と僭称するような「不敬」は許されないだろう。だからブラックホールを取り巻くリゾーム状のネットワークも、法律ぐらいで変わるとは思えない。

多頭一身の怪物

このような天皇制の特異な構造は、前にもみたように日本人の平和ボケ体質からきたものだが、いつもそうだったわけではない。十四世紀には後醍醐天皇が短期間ながら天皇親政を実現し、中国の皇帝に近い支配体制を築こうとした。十六世紀には、織田信長が天下統一を果たす一歩手前まで行った。明治維新も、本来は儒教の精神にもとづいて欧米列強に対抗する統一国家を建設することが目的だったが、その目的を達することに失敗した。

徳川家康は「天下は天下の天下なり」という遺訓を残した。これは天下を徳川家のものと考えないで公に管理せよという民主的な発想だが、これでは統一国家はできない。そこで列強に対抗して「天下は一人の天下なり」とすることによって国力を高めようというのが吉田松陰などの尊皇思想であり、この意味で明治維新は「儒教革命」ともいうべきものだった。

しかし結果的には、明治政府は中江兆民が「多頭一身の怪物」と呼んだ責任の所在が不明な政権になってしまった。これは薩長などの連立政権で各藩の寄せ集めだったためだが、ここにも「神輿担ぎ」の伝統がみられる、と丸山はいう。

「輔弼」とはつまるところ、統治の唯一の正統性の源泉である天皇の意思を推しはかると同時に天皇への助言を通じてその意思に具体的内容を与えることにほかならない。さきにのべた無限責任のきびしい倫理は、このメカニズムにおいては巨大な無責任への転落の可能性をつねに内包している。(3)

こういう決定権の曖昧な体制は、平和と経済発展が続いているときは大した問題にはならないが、大きな決断を迫られる戦争が起こると破綻する。軍は天皇に直属しているため内閣がコントロールできず、情報も共有されない。戦況が悪化しても、それは「軍事機密」とされ、内閣にさえ知らされなかった。

おまけに陸軍と海軍もバラバラで、一九四五年まで統合作戦本部がなかった。陸海軍を統括するのは天皇なのだ。陸海軍は軍備も別々に調達するので銃の口径も異なり、陸軍が右ネジで海軍は左ネジだった。軍需工場にも別々に発注するため、大日本兵器の工場には「陸軍門」と「海軍門」があったという。

工場の中でも、陸軍の工場と海軍の工場の間に塀を建て、陸軍の工員が海軍の仕事を手伝うと憲兵に逮捕されたという。日本軍には空軍がなかったので、航空機は陸軍と海軍が別々に開発していたが、技術も資材もバラバラに調達し、一つの工場の中で陸軍の資材が余っていても海軍に融通しないため、慢性的な資材不足に悩んでいた。

同じように分権化した政治が、イギリスの立憲君主制では法の支配になり、日本ではタコツボになった原因を、丸山はヨーロッパにおけるキリスト教の伝統に求めている。国家とは別の次元で教会による精神的な支配が強いため、地域や組織の違いを超えて人々を統合する共通言語があるというのだ。[4]

日本の文化がタコツボ型で西洋がササラ型だという彼の分類学は、あまりにも西洋を理想化していてうなずけないが、日本にタコツボを超える原理がないことは間違いない。これは日本がイギリス以上に平和で、国家の求心力よりもタコツボの自律性のほうが強いためと考えるのが素直だろう。

国家が分権化しているという点ではアメリカも同じようなものだが、ここでは日本とは逆に、普遍的な法の支配が徹底的に追求され、司法が国家を統合している。これはよくも悪くも人々をつなぐ「空気」が存在せず、国家を背景にした強制力しか人々を動かすものがないからだろう。

これは権力の分立が徹底しているため、意思決定の一貫性や安定性には欠ける。行政の決めた規制を議会が否定したり、議会のつくった法律を裁判所が違憲と判断したりすることがしばしば起こり、効率が悪い。しかしシステムが間違いに強いように設計されているので、軌道修正しやすく、柔軟性が高い。

これに対して日本では、そういう普遍的なルールが成立しなかったため、ローカルなタコツボをまとめる中心がないまま、近代になってプロイセンの法体系をまるごと輸入した。これがまずい組み合わせで、ヨーロッパの後進国の中央集権的な行政法を移植したものだから、法律とか権利とかいう概念を知らなかった日本人が超こまかい法律で仕事をすることになり、しかもそれを運用するのが儒教官僚なので、法の支配という概念がない。

結果的には、万事いいかげんな世の中と細密で厳格な法律の乖離が大きくなり、法律を文字どおり適用しないで官僚のさじ加減で決まるしくみができてしまった。おまけに大陸法のドグマティックな実定法主義をとったため、ルールのほとんどが法律や省令として官僚によってつくられ、逐条解釈で解釈も官僚が決め、処罰も行政処分として執行される。つまり官僚が立法も司法も行政も独占しているのだ。

しかも重複や矛盾をきらい、一つの規定を多くの法律で補完的に定めているため、法律がスパゲティ化しており、一つの法律を変えると膨大な「関連法」の改正が必要になる。税法改正のときなどは、分厚い法人税法本則や解釈通達集の他に、租税特別措置法の網の目のような改正が必要になるため、税制改正要求では財務省側で十以上のパーツを別々に担当する担当官が十数人ずらりと並ぶという。

そのため関連する役所や政治家を回る非生産的な「廊下トンビ」が官僚の最大の仕事になってしまい、関係者が一人でも反対すると法案ができないため、役所の既得権をおかすような改正は通らない。今の日本の行き詰まりの一つの原因は、こうした官僚機構のアーキテクチャの欠陥にあるが、これを是正することは明治以来の行政法を根底から否定することになり、憲法改正よりむずかしい。

このアーキテクチャは、契約理論でいうと、補完的な部品を独立の企業がつくるのと同じで、全員が拒否権をもつため交渉問題が起きやすい(5)。霞が関では一つの自動車の部品を独立のメーカーがバラバラに生産しているようなもので、全体の設計図がないので一つの部品を変更すると膨大な変更が必要になる。

たとえば個人情報保護法には千八百本も関連法があるので、過剰コンプライアンスで企業が困っていても、一本の法律を改正するのに何十本も関連法の改正が必要になり、それぞれの法律に天下り先がぶら下がっているので、一本でも改正を拒否されたら何もできない。

「政治主導」の幻想

このようにタコツボ型の官僚機構が相互にスパゲティ状にからみ、全体を統括する中心が欠けていることが日本の政治の根本的な欠陥で、これを是正しないで「政治主導」などという掛け声だけで実質的な改革はできない。日本の統治機構は徹底的に官僚主導であり、政治家はそれに寄生するロビイストのようなものだ、と榊原英資は述べている[6]。

しかし憲法の建て前では議会が立法府なので、明治時代から政党と官僚の権力闘争が続いてきた。特に幹部公務員の政治任用が最大の焦点だった。一八九九年に山県有朋が文官任用令を改正して政治任用を禁止したあとも、大正デモクラシーの中で政党が政治任用を拡大し、それに対して官僚が「猟官運動による腐敗のもとになる」として縮小する、という繰り返しだった。

特に各省の次官を政治家がやるか官僚がやるかが大きな争点で、政官の妥協の結果、政務次官と事務次官の並立する変則的な制度ができたが、実質的な権限は事務次官に集中した。官僚の中心は枢密院と法制局で、特に法制局は各省庁が法案を提出する前に必ずチェックを受けなければならないため、政府の調整機能を果たしていた。

内閣法制局が法律の整合性や違憲立法の審査も行なうため、法律を統合する役割をもち、戦前は法制局長官は政治任用だった。法制局の参事官は穂積八束や美濃部達吉など東大法学部の重鎮で、彼らが学問的整合性を厳密にチェックしたことが、日本の法律の極端に相互依存的なアーキテクチャの原因らしい。

他方で各省を統括する首相の権限は弱く、それを任命するのも議会ではなく元老だった。軍部が政治から独立していたため、政党は軍部を利用しようとして主戦論をエスカレートさせ、逆に政治が軍部に乗っ取られてしまった。

戦後、GHQは職階法で公務員制度をアメリカ型に変えて全面的に政治任用を導入しようとしたが、さすがにこれは無理で、官僚が職階法を換骨奪胎したため、かえって山県のつくった官僚主導のレジームに戻ってしまった。その後の自民党政権は、政策立案を官僚に丸投げする楽なシステムに慣れ、族議員が各省庁に寄生するシステムが定着した。

日本のように政治任用が少ない「純潔」な官僚機構は珍しい。この統治機構はGHQでも変えられなかったので、平時に変えることは絶望的だ。英米はもちろん、ヨーロッパ大陸でも幹部公務員は政治任用が多く、政権交代で入れ替わるのが普通である。せめて内閣の求心力を強め、政治任用を増やすぐらいの改革はしたほうがいい。

日本型経営者資本主義の挫折

戦後の日本が急速な成長を遂げた一つの原因は、前にも述べたように、象徴的な権威と実務的な権力を分離して平和を維持する日本型デモクラシーの構造が、結果的に二十世紀後半の所有と経営を分離する経営者資本主義に適応していたことにある。

十九世紀のように資本家が労働者を使う古典的な資本主義は、業務が複雑化すると維持できなくなる。多くの部門を垂直統合すると、資本家の目が現場に届かなくなる。これを解決するしくみとして、株主が専門的な経営者を雇って経営をまかせる経営者資本主義が二十世紀に始まった。(7)

しかし所有と経営が分離すると、エージェンシー問題が発生する。これを克服するために欧米では資本の所有権と命令でコントロールする垂直統合型の巨大企業が発達したが、これは命令される従業員のインセンティブを弱める。それを監視する階層構造が多重化する……という悪循環によって「大企業病」に陥る企業が増え、欧米型の垂直統合企業は一九七〇年代以降、没落した。

これに対して日本型の経営者資本主義は、従業員を会社に一生閉じ込めて長期的関係でコントロールすることによってエージェンシー問題を抑止した。そこでは企業を所有する株主の役割は最小化され、銀行による計画的な資金供給とサラリーマン経営者の「労働者自主管理」によって、資本主義の強欲を抑制した「人本主義」の経営が行なわれる。

ここでは第三章の図3のような日本型デモクラシーが高い効率を発揮した。意思決定と実行が現場で完結するので情報の非対称性はなく、経営者は天皇のように形骸化した存在なので現場に介入しない。意思決定はボトムアップの「下克上」で行なわれるので現場のモチベーションは高く、基本的な目標が職場に共有されていれば決定は速い。たとえば八〇年代にGMの新車開発期間は五年だったが、トヨタは四年だった。

しかし日本企業の強さは、二十世紀なかばの知識集約的な製造業の特殊な分業構造に依存していた。系列関係は中間財の補完性（資産特殊性）によって互いを長期的関係にロックインすることで維持されているので、自動車のような補完的な商品ではいまだに日本企業は強いが、要素技術がモジュール化して中間財にグローバルな市場が成立すると部品の補完性がなくなり、日本企業の長期的関係は機能しなくなる。

他方、水平分業や情報技術が発達すると、エージェンシー問題の原因となっていた情報の非対称性は削減され、たとえばスティーブ・ジョブズがｉＰｏｄの隅々までデザインすることが可能になった。日本でも、ファーストリテイリングの柳井正社長やソフトバンクの孫正義社長などのオーナー経営者は、細かいことまで口を出す「マイクロマネジャー」として知られている。彼らは自分の意思決定を実行できる資金をもっているので、エージェンシー問題は起こりえない。失敗した場合も、責任の所在が明確で撤退が速い。

約束を破るメカニズム

企業にデモクラシーを持ち込んでモラルハザードを防止した日本的経営は、一つのイノベーションだった。それは日常的な業務の効率は高いが、タコツボそのものを破壊する大きな意思決定は苦手だ。特に情報産業では「半導体の性能は十八ヶ月で二倍になる」というムーアの法則があるため、同じ仕事をするための労働力や設備がつねに過剰になるので、暗黙の契約を破って「退出」するメカニズムが必要だ。

この状況は、一九八〇年代のアメリカ企業に似ている。当時は多角化して資本効率の低下した「恐竜」企業が企業買収の標的になり、ＬＢＯ（負債による企業買収）で企業を買収して再構築するＫＫＲのような投資ファンドが登場した。

彼らは形骸化した個人株主から株式を買い戻し、所有者＝経営者になることで意思決定を単純化し、不要な部門を売却した。企業買収は、経営者を代えることで労使の暗黙の約束を破るメカニズムなのだ[8]。カルロス・ゴーンが日産の社長になったとき、何をすべきかについての長いリストがあったが何も実行されていなかった。必要なのは「私は今までの約束は知らない」といえる経営者だけだった。

行き詰まった日本経済を建て直す上で必要なのは、長期雇用の約束を破り、老朽化した会社を解体・再編する資本市場の活性化である。しかし日本の企業買収の時価総額は世界の二〜三%しかなく、主要国で最低である。日本企業が海外企業を買収することは珍しくないが、逆はほとんどなく、「外→内」の買収総額を示す対内直接投資はＧＤＰの三%以下と、これも主要国で最低である。

このように資本市場による企業の新陳代謝が進まないことが、経済停滞の大きな原因になっている。資本市場には労働市場のような強い規制はないが、「持ち合い」による非公式のカルテルによって買収を防衛するシステムが無能な経営者を守っている。二〇〇〇年代なかばには、日本でもライブドアや村上ファンドなどが企業買収を試みたが、検察がつぶし、多くの企業が買収防衛策を定款で定めた。

日本で敵対的買収が成功する確率は低いが、そういうプレッシャーまでなくしてしまうと企業の組織革新も進まない。まず「ゾンビ企業」を延命する中小企業金融円滑化法や雇用調整助成金などを廃止し、資本市場を対外開放して企業買収を進めることが日本経済を活性化する道だろう。日本企業は変則的な「人本主義」を卒業し、普通の資本主義になる必要がある。

セーフティ・ネットが檻になるとき

天皇制に象徴される日本の中心なき組織は、山本七平もいうように内部は曖昧で柔らかいが、外部からの攻撃を殻によって守るサザエのような「外骨格」なので、内側から殻を破ることはむずかしい[9]。

内部の紛争を抑制して殻の中に収める閉じた社会は、小さな攻撃には強いが大きなショックに弱く、殻の大きさを超えて成長できない。

外骨格で内部の秩序を維持するためには、外部との交流を遮断することが重要だ。殻を支える価値は普遍性をもたないので、外との接触で価値体系がゆらぐと、下克上のエートスが解凍されて殻を破ろうとする動きが起こる。江戸時代の平和が二百六十年も続いたのは、鎖国によって産業革命の影響を遮断した効果も大きい。

これに対して外からの攻撃に慣れている西洋の社会は、骨によって体を支えて外部からの攻撃にあっても皮膚や筋肉を再生して生き残る脊椎動物である。これは小さな攻撃には傷つきやすいが、殻がないので成長の余地が大きい。外に対して開かれていると、内的にも自由な発展の余地が大きいのだ。

変化を阻んでいる殻は、法律ではなく暗黙の規範である。資本市場についてはほとんど規制がなくなり、労働市場でも外資系企業などは実質的な指名解雇をしている。日本でも、中小企業では解雇が行なわれているが、大企業は倒産の瀬戸際に追い詰められても希望退職の募集しかできない。このように選択肢を狭めていることが、結果的には企業収益を悪化させ、雇用を縮小している。

七〇年代の石油危機では、激しいインフレに対して経営側は労組に賃上げ抑制への協力を求める代わりに雇用の維持を約束し、出向・転籍によって雇用調整を行なうシステムができた。そういう努力をしないで整理解雇を行なうことは認めないという判例も、この時期に「整理解雇の四要件」として確立した。

このように企業や系列の中で過剰雇用を解決するしくみが、日本的経営の優位性の大きな源泉だった。欧米の職能集団と労組で縦割りになっている組織では、一つの商品が売れなくなってもその部門の労働者を他に転用できず、労使紛争が長期化する。これに対して日本では、労働者を解雇しない代わり転勤の辞令は絶対で拒否できないという規範が成立した。

要するに、需要の変動に対応して雇用調整を行なうメカニズムが、解雇（五〇年代）、配置転換（六〇年代）、出向（七〇年代）、非正社員（九〇年代）と変化してきたのである。このうち出向までは日本的雇用慣行の枠内の調整だが、九〇年代以降はそうした調整メカニズムが機能しなくなっているため、雇用調整が円滑に行なわれず、労働力の過剰が残る。これが長期停滞の一つの原因である。

こういう慣行は、高度成長期には悪くなかったが、経済が衰退するときはタコツボ型のセーフティ・ネットが労働者を泥舟に閉じ込める檻になってしまう。その中で雇用を維持すると賃金が下がるだけでなく、中高年労働者が遊休化して企業収益も悪化する。他方で若年労働者の雇用が減り、十五〜二十四歳では労働者の過半数が非正社員という状態になっている。高齢者が「痛み」をわけあって雇用を維持する一方で、若者の雇用は不安定になり、世代間格差が拡大している。

おまけに政府は、こうした社内失業を財政支援している。社内失業している労働者に対する休業手当の三分の二を政府が補助する「雇用調整助成金」は、世界にも類のない制度であり、企業の経営効率化を阻害するものとして批判を浴びている。ピーク時には二百五十万人以上いた受給者は七十万人程度まで減っているが、それでも就業者数の一％余りで、日本の「潜在失業率」は五％以上ということになる。

このように政府が企業を守ることによって労働者を守る「日本型福祉社会」は、限界に来ている。セーフティ・ネットが企業や系列ごとに細分化されているため、衰退産業から成長産業への労働移動が少なく、非正社員にはそのセーフティ・ネットもない。「終身雇用」の神話を脱却し、企業ではなく個人を守るセーフティ・ネットが必要だ。

閉じた社会から開かれた社会へ

紛争を最小化する日本型デモクラシーは、同質で長期的に持続する「閉じた社会」でしか成り立たない。変化を抑圧しても社会の潜在的な変化はなくせないので、バブルが崩壊したときは破局的な悲劇が起こる。ナシーム・タレブは、こういう日本人の習性を「小さなボラティリティ（変動）を避けようとして大きな破滅をまねく」と評した[10]。

彼は「日本人は小さな失敗をきびしく罰するので、人々は小さくてよく起こる失敗を減らし、大きくてまれな失敗を無視する」という。経済はボラティリティをもっているので、無理な景気対策でそれを抑圧すると、金融危機のような形で爆発する。必要なのは、むしろ日常的には変化を容認し、退場すべき企業が退場することだ。

それは日本人にそぐわないともいえない。人々の最古層には自由（無縁）を求めるノマド的な欲求があり、高度成長期にはこうした流動性が日本の驚異的な成長をもたらした。都会に集団就職した若者は、会社という共同体で「有縁化」されて企業戦士になった。企業は彼らを社宅や福利厚生施設や手厚い年金制度で囲い込んだが、こういう閉じた社会を維持することは困難になってきた。

開かれた社会にする上でもっとも重要なのは、ここまでみてきた日本型デモクラシーの閉鎖的な構造を変えることだ。労働移動をさまたげる雇用規制や補助金をやめ、地方から都市への労働移動をさまたげている公共事業をやめ、東京や大阪などの都市を中心にする必要がある。

ただアメリカ型の流動的な労働市場にすることは政治的に困難なので、北欧の経験が参考になる。北欧の国民負担が高く「大きな政府」であるにもかかわらず、高い成長を実現しているのは、産業別労組の組織率が九〇％以上と高く、失業しても再就職が容易であることに求められる。政府も職業訓練を条件にして手厚い失業手当を支給するが、経営不振に陥った会社は守らないで破綻させる。[11]

人々がタテ社会の殻を破ってヨコに動くことは容易ではなく、日本の伝統とも相容れないので強い抵抗があるだろう。しかし今のまま放置すると、グローバル化の中で孤立して日本経済が停滞するばかりでなく、タコツボから排除される非正社員が増え、インサイダーとアウトサイダーの格差はますます拡大する。

丸山もいうように、開かれた社会とは単に海外と貿易する社会ではなく、内部でも自由に移動し活動できる社会のことである。日本は江戸時代の多くの閉じた社会を破壊したダイナミックなエネルギーを明治国家の一つの閉じた社会に回収し、戦後はそれを解体した高度成長のエネルギーを企業中心の閉じた社会に回収してきた。

今の日本にそれを破壊するエネルギーがあるかどうかは疑問だが、幸か不幸か老朽化したタコツボを維持してきた政府の力は弱まり、財源は枯渇してきた。ＴＰＰなど対外開放を進めるだけではなく、政府が裁量的な介入から撤退して国内的な開放を進めることが日本を再建する道だろう。

注

はじめに

（1）鈴木賢志『日本人の価値観』中公選書。否定形の質問については、質問を変えて順位を逆にした。

序章　「空気」が原発を止めた

（1）大鹿靖明『メルトダウン』講談社、二四三頁。

第一章　日本人論の系譜

（1）ルース・ベネディクト『菊と刀』長谷川松治訳、講談社学術文庫、二七三頁。
（2）長岡新吉『日本資本主義論争の群像』ミネルヴァ書房。
（3）川島武宜『日本社会の家族的構成』岩波現代文庫、二三頁。
（4）川島『日本人の法意識』岩波新書、一三九頁。
（5）丸山眞男「近代日本の知識人」（『後衛の位置から』未来社所収）。
（6）同、一二七～八頁。
（7）池田信夫・與那覇潤『「日本史」の終わり』ＰＨＰ研究所。
（8）梅棹忠夫『文明の生態史観』中公文庫、一二四頁以下。図1は同書より作成。
（9）同、一二一頁。
（10）『マルクス＝エンゲルス全集』第一九巻、二三八～九頁。
（11）中根千枝『タテ社会の人間関係』講談社現代新書、六六～七頁。
（12）木村敏『人と人の間』弘文堂、三九頁。
（13）木村敏『あいだ』ちくま学芸文庫。濱口恵俊はこれを「間人主義」と呼んでいるが、ゲーム理論でいうと「長期的関係」である。
（14）正確にいうと、山岸の実験は変則的な囚人のジレンマである。典型的な囚人のジレンマは、借金のように一方が踏み倒して他方が貸さない「悪い均衡」と、協力して借金を返済する「よい均衡」があるとき、悪い均衡が合理的行動で選ばれる「ナッシュ均衡」になるゲームをいう。
（15）玉城哲「日本農業の近代化過程における水利の役割」（『水利の社会構造』国際連合大学、五二頁）。
（16）玉城・旗手勲『風土』平凡社選書、二三一頁。
（17）青木昌彦「意図せざる適合――日本における組織進化と政府による制度設計」（『東アジアの経済発展と政府の役割』日本経済新聞社所収）。

（18）坂本多加雄『新しい福沢諭吉』講談社現代新書。

第二章　「空気」の支配

（1）山本七平『日本人とユダヤ人』角川文庫、六一頁。
（2）同、九六頁。
（3）山本『一下級将校の見た帝国陸軍』文春文庫、五一〜二頁。
（4）岸田秀・山本『日本人と「日本病」について』文春文庫、一五八頁。
（5）笠谷和比古『主君「押込」の構造』講談社学術文庫。
（6）山本『「空気」の研究』文春文庫、一五〜六頁。
（7）同、二〇〜一頁、強調は引用者。
（8）カール・マルクス『資本論』第一巻第四章第一節「商品の物神的性格とその秘密」。
（9）山本『「空気」の研究』、七九頁。
（10）D. S. Wilson, *Darwin's Cathedral*, University of Chicago Press.
（11）山本『日本人とは何か。』祥伝社。
（12）笠谷『武士道と日本型能力主義』新潮選書。
（13）呉座勇一『一揆の原理』洋泉社、二一六頁。
（14）岸田・山本『日本人と「日本病」について』、一三七頁、強調は引用者。
（15）山本『ある異常体験者の偏見』文春文庫、二一五〜六頁。
（16）ＮＨＫスペシャル取材班『日本海軍400時間の証言』新潮社、一五一頁、強調は引用者。

第三章　日本人の「古層」

（1）丸山眞男「超国家主義の論理と心理」（『現代政治の思想と行動』未来社、一五〜六頁）。
（2）同、二四頁。
（3）丸山の引用による。同、二四頁。
（4）丸山の引用による。『日本の思想』岩波新書、二九〜三〇頁。
（5）丸山「思想と政治」（『丸山眞男集』第七巻、岩波書店、一三一頁）、強調は引用者。
（6）丸山『日本の思想』、三三頁。
（7）同、三四〜五頁。
（8）丸山「肉体文学から肉体政治まで」（『現代政治の思想と行動』、三八六頁）。
（9）本居宣長「古事記傳」七之巻（『本居宣長全集』第九巻、筑摩書房、二九四頁）。
（10）丸山「歴史意識の「古層」」（『忠誠と反逆』ちくま学芸文庫、四〇二頁）。
（11）同、三八八頁。
（12）同、四一二〜三頁。

(13) 阿部謹也『近代化と世間』朝日新書、第三章。
(14)『丸山眞男講義録』第七冊、東京大学出版会、六五～六六頁。
(15) 同、六〇～一頁。
(16)『丸山眞男集』第一二巻、岩波書店。
(17) 宣長「古事記傳」十八之巻(『本居宣長全集』第一〇巻、筑摩書房、三二二頁)。
(18)「政事の構造」(『丸山眞男集』第一二巻、二三〇頁)。
(19)『丸山眞男講義録』第六冊、東京大学出版会、四六～七頁。
(20) 同、四三頁。
(21) オリバー・ハート『企業・契約・金融構造』鳥居昭夫訳、慶應義塾大学出版会。
(22) 無限回くり返される非協力二人交渉ゲームにおいては、共同所有権が効率的な結果をもたらす場合がある。外部オプション(ナッシュ交渉解の基準点)が交渉によって得られる利得の合計の二分の一より高いとホールドアップを行なうことで利益を得られるが、両者の外部オプションがともに交渉の成果よりも小さく、一方が退出することによってどちらも損失をこうむる共同所有権(双方独占)の時にホールドアップはもっとも起きにくく、投資水準は高まる。cf. J. Sutton, "Non-cooperative Bargaining Theory: An Introduction", *Review of Economic Studies*, 1986.
(23) 日本の企業系列が補完的な資産を独立に所有することで長期的関係を維持するメカニズムについては、拙著『情報通信革命と日本企業』NTT出版、五六頁。
(24) M. Heller, "The Tragedy of the Anticommons". *Harvard Law Review*, 1998.
(25) 木田元『反哲学入門』新潮社、四八頁。
(26) 宇野邦一『ドゥルーズ――群れと結晶』河出ブックス。
(27) ピエール・クラストル『国家に抗する社会』渡辺公三訳、水声社、三八頁。
(28) 丸山「歴史意識の「古層」」(『忠誠と反逆』、四二三頁)。
(29) 丸山「森有正氏の思い出」(『丸山眞男集』第一一巻、岩波書店、九八頁)。
(30)『丸山眞男回顧談』松沢弘陽・植手通有編、岩波書店、下巻、三八頁。
(31) 中野雄『丸山眞男　人生の対話』文春新書、一三四頁。
(32) 南方熊楠から川村竹治あて書簡。

第四章　武士のエートス

(1) 山本が『現人神の創作者たち』(ちくま文庫、上巻、一六七頁)で丸山の「闇斎学と闇斎学派」を紹介しているのが私の知るかぎり唯一で、丸山は山本を読んだ形跡がない。
（2）丸山「忠誠と反逆」（『忠誠と反逆』、一六～七頁）。
（3）同、二三頁。
（4）丸山「開国」（『忠誠と反逆』、一九七～八頁）。
（5）『丸山眞男講義録』第六冊、一四八～九頁。
（6）同、一六一頁、強調は引用者。
（7）丸山『日本政治思想史研究』東京大学出版会、一八五頁。
（8）後期の中世哲学の主要なテーマは、普遍論争として知られる本質と個物の関係だった。前者の代表がドゥンス・スコトゥスで、加速度運動を初めて数量的に観測したのは彼の弟子だった。自然の規則性は神が宇宙を完璧に設計した証拠だった。八木雄二『天使はなぜ堕落するのか』春秋社、参照。
（9）丸山「開国」（『忠誠と反逆』、一三七頁）。
（10）同、二〇六頁。
（11）福沢諭吉『文明論之概略』松沢弘陽校注、岩波文庫、六四頁。
（12）丸山「福沢に於ける「実学」の転回」（『福沢諭吉の哲学』松沢弘陽編、岩波文庫、五五頁）。
（13）福沢『学問のすゝめ』岩波文庫、一一頁。
（14）坂本『新しい福沢諭吉』。
（15）ティム・ワイナー『CIA秘録』藤田博司・山田侑平・佐藤信行訳、文春文庫。

第五章　日本軍の「失敗の本質」

（1）小谷賢『日本軍のインテリジェンス』講談社選書メチエ。
（2）川田稔『昭和陸軍の軌跡』中公新書。
（3）保阪正康『東條英機と天皇の時代』ちくま文庫。
（4）森山優『日本はなぜ開戦に踏み切ったか』新潮選書。
（5）同、二一二頁。
（6）片山杜秀『未完のファシズム』新潮選書。

第六章　日本的経営の神話

（1）エズラ・ヴォーゲル『ジャパン・アズ・ナンバーワン』広中和歌子・木本彰子訳、TBSブリタニカ、三～四頁。
（2）廣松渉『物象化論の構図』岩波現代文庫。
（3）小池和男『仕事の経済学』（東洋経済新報社）によれば、「私の価値観はこの会社の価値観とまったく同じだ」と答えた社員は日本では一九・三％だが、アメリカでは四一・五％。「いま知っていることを入職時に知っていたら、もう一度この会社を選ぶ」という答は、日本が二三・三％で、アメリカが六九・一％だった。
（4）速水融『近世日本の経済社会』麗澤大学出版会。

（5）兵藤釗『日本における労使関係の展開』東京大学出版会。

（6）M. Cusumano, *The Japanese Automobile Industry*. Harvard University Asia Center.

（7）西口敏宏『戦略的アウトソーシングの進化』東京大学出版会。

（8）アブナー・グライフ『比較歴史制度分析』ＮＴＴ出版。

（9）一般的にいうと、両方とも裏切る場合の利得を１に標準化し、一方的な裏切りによる利得をD、双方の協力による利得をC、ゲームが次回も続く確率（割引因子）をδとして利得の割引現在価値を考える。双方が裏切られた相手には永遠に復讐する戦略（トリガー戦略）をとるとすると、ゲームの続く確率δが高くて長期的関係があり、協力によって得られるレントCがDより十分大きいときは、協力することが合理的な行動（サブゲーム完全均衡）になる場合がある。これが無限回くり返しゲームの「フォーク定理」である。

（10）P. Milgrom, D. C. North and B. R. Weingast, “The Role of Institutions in the Revival of Trade”, *Economics and Politics*.

（11）青木昌彦「経済発展と制度進化の５つの局面」『経済セミナー』二〇一二年七・八月号。

（12）吉川洋『デフレーション』日本経済新聞出版社。

（13）笠谷『武士道と日本型能力主義』。

（14）モジュール化や水平分業が情報産業に与える影響については、拙著『情報通信革命と日本企業』参照。

（15）J-CAST ニュース http://www.j-cast.com/2012/12/21158461.html.

（16）佐野眞一『カリスマ』日経ＢＰ社。

第七章　平和のテクノロジー

（1）S. Pinker, *The Better Angels of Our Nature*,Viking.

（2）L. H. Keeley, *War before Civilization*,Oxford Uniersity Press, S. A. Leblanc, Constant Battles, St. Martin's Griffin.

（3）アザー・ガット『文明と戦争』中央公論新社。

（4）D. C. North, J. J. Wallis, B. R. Weingast, *Violence and Social Orders*, Cambridge University Press.

（5）D. S. Wilson and E.O. Wilson, “Rethinking the Theoretical Foundation of Sociobiology”, *Quarterly Review of Biology*, 2007.

（6）ニコラス・ウェイド『宗教を生みだす本能』依田卓巳訳、ＮＴＴ出版。

（7）C. Boehm, *Hierarchy in the Forest*, Harvard University Press.

（8）H. L. Carmichael and W. B. MacLeod, “Gift Giving and the Evolution of Cooperation”, *International Economic*

Review, 1997.

（9）J-K. Choi and S. Bowles, "The Coevolution of Parochial Altruism and War", *Science*, 2007.

（10）F. Fukuyama, *Origins of Political Order*, Farrar Straus & Giroux.

（11）この点はNorth-Wallis-Weingastも強調しており、最近の社会科学の大きな転換といえよう。

（12）マイケル・ハワード『ヨーロッパ史における戦争』奥村房夫・奥村大作訳、中公文庫。

（13）A. Shleifer, *The Failure of Judges and the Rise of Regulators*, The MIT Press.

（14）網野善彦『異形の王権』平凡社ライブラリー、一七九頁。

（15）中沢新一『僕の叔父さん網野善彦』集英社新書。

（16）ダニエル・カーネマン『ファスト&スロー』村井章子訳、早川書房。

（17）片山杜秀『国の死に方』新潮新書。

第八章　日本型デモクラシーの終わり

（1）ロラン・バルト『表徴の帝国』宗左近訳、ちくま学芸文庫、五四頁。

（2）清水唯一朗『政党と官僚の近代』藤原書店。

（3）丸山『日本の思想』、三八〜九頁。

（4）丸山「思想のあり方について」（『日本の思想』）。

（5）たとえば自動車のエンジンと車体を独立のメーカーがつくると、車体メーカーが「価格を引き上げないと納入しない」と拒否権を発動する「ホールドアップ問題」が起こる。これを解決するためには、紛争が起こったときどちらが決定するかという「残余コントロール権」を決める必要がある。これが所有権である。オリバー・ハート『企業・契約・金融構造』参照。

（6）榊原英資『財務省』新潮新書。

（7）バーリ＝ミーンズ『近代株式会社と私有財産』（北島忠男訳、文雅堂銀行研究社）はこれを資本主義の新しい形態とし、バーナム『経営者革命』（武山泰雄訳、東洋経済新報社）はこれによって企業は計画経済の長所を取り入れることができると主張した。

（8）M. Jensen, "The Modern Industrial Revolution, Exit, and the Failure of Internal Control Systems", *Journal of Finance*, 1993. http://papers.ssrn.com/sol3/papers.cfm?abstract_id=93988.

（9）岸田・山本『日本人と「日本病」について』、二六頁。

（10）N. N. Taleb, *Antifragile*, Random House.

（11）湯元健治・佐藤吉宗『スウェーデン・パラドックス』日本経済新聞出版社。

牟田口廉也　146
武藤章　152, 153, 160
武藤山治　169
村上世彰　221
明治天皇　213
本居宣長　92, 96, 100, 126, 236, 237
森有正　110
森山優　238

や行

八木雄二　238
柳井正　229
柳田国男　96, 114, 202
山県有朋　158, 219, 220, 226, 227
山岸敏男　44, 45, 199, 235
山崎闇斎　129-131
山田盛太郎　28, 29
ヤマトタケル　100
山本五十六　145, 146
山本七平（ベンダサン，イザヤ）　41, 56-74, 84, 86, 118, 119, 128-131, 134, 150, 163, 176, 210, 230, 236, 240
雄略天皇　94
湯元健治　240
吉川洋　239
吉田茂　111
吉田松陰　127, 128, 222
吉田満　63
與那覇潤　235

ら行

ルソー，ジャン＝ジャック　128
ルブラン，スティーブン（Le Blanc, Steven）　239
レーガン，ロナルド　140
レーニン，ウラジーミル　28

わ行

ワイナー，ティム　238
ワインゲスト，バリー（Weingest, Barry） 239, 240
和辻哲郎　24, 43, 46

永田鉄山　86, 151-153, 159, 160
中根千枝　38-40, 235
中野雄　237
西周　134
西口敏宏　239
新渡戸稲造　24, 118
ノース，ダグラス（North, Douglass）　239, 240
野中広務　221
野呂栄太郎　29

は行

ハート，オリバー　237, 240
バーナム，ジェームズ　240
バーリ，アドルフ　240
ハイエク，フリードリヒ　121
ハイデガー，マルティン　109, 110
羽田孜　102
旗手勲　235
服部卓四郎　145
濱口恵俊　235
林羅山　126, 129
速水融　166, 238
バルト，ロラン　218, 240
ハワード，マイケル　240
東久邇宮稔彦　154
兵藤釗　239
平田篤胤　131
廣松渉　36, 238
ピンカー，スティーブン（Pinker, Steven）　192, 239
福沢諭吉　29, 51-53, 77, 123, 134-137, 238
フクヤマ，フランシス　199, 200, 240
藤田若雄　182
プラトン　109
古川隆久　213
古川康　18
ヘーゲル，ゲオルク・ヴィルヘルム・フリードリヒ　200
ベーコン，ロジャー　90
ベネディクト，ルース　25, 26, 42, 59, 162
ヘラー，マイケル（Heller, Michael）　237
ベラー，ロバート　163, 166
ベルグソン，アンリ　121
ベンサム，ジェレミー　97
ベンダサン，イザヤ　→山本七平
方孝孺　130
保坂正康　238
細川護熙　102
ボーム，クリストファー（Boehm, Christopher）　239
ボールズ，サミュエル（Bowles, Samuel）　240
ホッブズ，トマス　126, 128, 194
穂積八束　226
ポパー，カール　121

ま行

マクロウド，ベントレー（MacLeod, Bentley）　239
松井石根　86
松岡洋右　86, 111, 138, 213
マッカーサー，ダグラス　214
松永和夫　17
マルクス，カール　36, 37, 67, 77, 121, 169, 200, 204, 236
丸山眞男　29, 31, 38, 44, 73, 82-104, 109-113, 118-128, 131, 133-136, 139, 150, 163, 192, 208, 210, 218, 222, 234, 235-238, 240
マン，トーマス　84
ミーンズ，ガーディナー　240
水野明久　17
南方熊楠　114-116, 237
美濃部達吉　226
ミルグロム，ポール（Milgrom, Paul）　239

木田元　109, 110, 237
木戸幸一　85, 86, 154
木村敏　41-43, 235
楠木正成　206
クスマノ，マイケル（Cusumano, Michael）　239
グライフ，アブナー　176, 177, 239
クラストル，ピエール　237
建文帝　130
小池和男　166, 238
孔子　134
幸徳秋水　78
河本大作　212
ゴーン，カルロス　230
呉座勇一　236
後醍醐天皇　203, 206, 210, 221
小谷賢　238
近衛文麿　154, 156, 213, 214

さ行

西園寺公望　111
榊原英資　240
坂本多加雄　51, 136, 236, 238
向坂逸郎　29
ザスーリチ，ヴェーラ　37, 204
サッチャー，マーガレット　140
サットン，ジョン（Sutton, John）　237
サトウ，アーネスト　124
佐藤栄作　139
佐藤直方　129
佐藤吉宗　240
佐野眞一　239
ジェンセン，マイケル（Jensen, Michael）　240
清水正孝　142
清水唯一朗　240
ジューコフ，ゲオルギー　144
シュミット，カール　83
シュレイファー，アンドレイ（Shleifer, Andrei）　240
昭和天皇　115, 212-215
ジョブズ，スティーブ　229
ジョンソン，シャルマーズ　164
白洲次郎　221
秦の始皇帝　121, 199, 200
スコトゥス，ドゥンス　90, 127, 238
スサノヲ　98
鈴木賢志　235
宋教仁　78
孫文　78
孫正義　229

た行

平将門　204
タカミムスヒ　94
竹下登　102
田中義一　212, 213
田中新一　152, 153
玉城哲　46-49, 235
タレブ，ナシーム　233, 240
チェ，ジュンキュ（Choi, Jung-Kyoo）　240
張作霖　212
辻政信　145, 150
テンニース，フェルディナンド　39
土居健郎　41
東郷茂徳　86, 214
東條英機　84-86, 138, 151-155, 158, 160, 213, 214
徳川家康　210, 222
徳川吉宗　181
豊田副武　63

な行

中内功　187-189
中内潤　188
中江兆民　222
長岡新吉　235
中沢新一　205, 206, 240
中澤佑　74, 75

人名索引

あ行

青木昌彦　50, 235, 239
浅沼萬里　166
浅見絅斎　129-131
アマテラス　98
網野善彦　71, 202-206, 240
阿部謹也　96, 97, 237
アベグレン，ジェームズ　162
安倍晋三　138, 140
池田信夫　235, 237, 239
イザナギ　94, 98
イザナミ　94, 98
石田梅岩　163
石原莞爾　86, 150-154, 159, 160
伊丹敬之　165
伊藤整一　63
伊藤仁斎　126
伊藤博文　87, 219
ウィットフォーゲル，カール　36, 37, 47
ウィルソン，エドワード（Wilson, Edward）239
ウィルソン，デイヴィッド（Wilson, David）236, 239
ウェイド，ニコラス　239
ウェーバー，マックス　31, 163, 166
植村甲午郎　139
ヴォーゲル，エズラ　163, 164, 238
ウォリス，ジョン（Wallis, John）239, 240
氏原正治郎　182
内村鑑三　24
宇野邦一　110, 235
宇野宗佑　102
梅棹忠夫　32-38, 57, 210, 235
永楽帝　130
大内兵衛　29
大岡昇平　187
大川周明　138
大鹿靖明　235
大塚久雄　29, 31, 82
岡倉天心　24
緒方洪庵　52
荻生徂徠　126-128, 134
小沢一郎　102
小沢治三郎　63
織田信長　210, 222
オッカムのウィリアム　91, 127, 128
オホビコノミコト　100
折口信夫　114

か行

カーネマン，ダニエル　208, 209, 240
カーマイケル，ローン（Carmichael, Lorne）239
カーン，ハーマン　111, 164
海江田万里　14, 17, 18
笠谷和比古　181, 236, 239
片山杜秀　157, 215, 238, 240
嘉田由紀子　102
勝海舟　70, 181
ガット，アザー　239
川路聖謨　181
川島武宜　29-31, 82, 235
河島博　189
川田稔　238
菅直人　14-18, 142
キーリー，ローレンス（Keeley, Lawrence）239
岸信介　79, 138-140
岸田秀　236, 240
北一輝　77-79, 131, 138, 159, 220

著者略歴

池田信夫（いけだ・のぶお）

一九五三年生。東京大学経済学部卒業後、NHKに入局。報道番組「クローズアップ現代」などを手掛ける。同局退職後、慶應義塾大学で博士（学術）取得。現在、株式会社アゴラ研究所所長。著書に『電波利権』（新潮新書）、『ハイエク　知識社会の自由主義』（PHP新書）、『イノベーションとは何か』（東洋経済新報社）、『「日本史」の終わり』（與那覇潤との共著、PHP研究所）他。

「空気」の構造
日本人はなぜ決められないのか

二〇一三年六月五日　第一刷発行
二〇一三年七月一日　第三刷発行

著　者 © 池田信夫
発行者　及川直志
印刷所　株式会社三陽社
発行所　株式会社白水社

東京都千代田区神田小川町三の二四
電話　営業部〇三（三二九一）七八一一
　　　編集部〇三（三二九一）七八二一
振替　〇〇一九〇-五-三三二二八
郵便番号　一〇一-〇〇五二
http://www.hakusuisha.co.jp
乱丁・落丁本は、送料小社負担にてお取り替えいたします。

誠製本株式会社

ISBN978-4-560-08282-9

Printed in Japan

作田啓一著

現実界の探偵

◎文学と犯罪

人間を犯罪へと駆り立てる衝動とは何か？　池田小事件、秋葉原事件や探偵小説を題材に行為の瞬間に立ち現れる「真空状態」を析出。動機を規定する深層を抉り出す。大澤真幸氏推薦！

尾原宏之著

大正大震災

◎忘却された断層

関東大震災はそもそも「大正大震災」だった。なぜ、当時の日本人はあの大地震をそう呼んだのか？　この問いかけから紡ぎ出された、もうひとつの明治・大正・昭和の物語！

髙山裕二著

【第34回サントリー学芸賞受賞】

トクヴィルの憂鬱

◎フランス・ロマン主義と〈世代〉の誕生

初めて〈世代〉が誕生するとともに、〈青年論〉が生まれた革命後のフランス。トクヴィルらロマン主義世代に寄り添うことで新しい時代を生きた若者の昂揚と煩悶を浮き彫りにする。

レオ・ダムロッシュ著
永井大輔、高山裕二訳

トクヴィルが見たアメリカ

◎現代デモクラシーの誕生

初めての大衆的な大統領ジャクソンの治世、西へと膨張を続ける一方、はやくも人種問題が顕在化して分裂の兆候を示すアメリカ。すべてが極端なこの地で、トクヴィルは何を見たのか？

スコット・A・シェーン著
谷口功一、中野剛志、柴山桂太訳

〈起業〉という幻想

◎アメリカン・ドリームの現実

米中西部の都市ララミー。大学中退歴のある「不惑」を迎えた白人既婚男性が、職場を転々とした末に起業に手を染める!?　失業率やＧＤＰはじめ統計から浮かび上がる起業家大国の実像。

ダニエル・ドレズナー著
谷口功一、山田高敬訳

ゾンビ襲来

◎国際政治理論で、その日に備える

「ゾンビの突発的発生は必ず起こる！」その日にどう備えるべきか？　国際政治学の世界的権威で、ゾンビ研究学会顧問のドレズナー先生が、対応策を分かりやすく提示。各国首脳必携！

白水社